유니크, 유니클로

유니
크

김성호
지음

UNI
QUE

속도는
화살처럼,
효율은
전쟁처럼

유니
클로

쌤앤파커스

시골 양복점에서
연매출 18조 글로벌 기업으로 변신한
유니크한 비밀

세상의 모든 '유니크'함은 속도와 효율에서 탄생한다

2000년, 당시 유니클로의 매출액은 플리스의 폭발적인 판매에 힘입어 1999년과 비교해 무려 2배로 늘어난 2조 원을 달성했다. 일본 의류업계에서는 독보적인 No. 1이었다. 하지만 글로벌 시장에서의 위치는 아직 갈 길이 멀어보였다. 유니클로의 매출액은 갭GAP과 비교하면 5분의 1 정도밖에 되지 않는 수준이었다. 하지만 그들은 계속해서 도전하며 글로벌 시장의 문을 두드렸다.

2017년 상반기 매출액 기준 글로벌 의류 제조업체의 순위를 살펴보자. 1위에 자라ZARA가 위치하고 있고 H&M이 2위에 자리하고 있다. 유니클로는 18조 원을 넘어서며 갭을 제치고 3위에 올랐다. 갭의 5분의 1 수준이던 유니클로가 유수의 글로벌 브랜드와 어깨를 나란히 하는 규모로 성장한 것이다.

유니클로는 1984년 1호점을 오픈하고 10년이 지난 1994년 히로시마 증권거래소에 상장하게 된다. 1997년, 도쿄 증권거래소 2부 상장을 거쳐 1부에는 1999년에 이름을 올렸다.

2017년 1월 기준으로 보면 유니클로의 시가총액은 약 37조 원을 기록하고 있다. 이는 10조 원 정도를 기록한 갭의 3배가 넘는 수준으로 40조 원 정도의 H&M을 바짝 따라잡고 있다.

유니클로의 라이벌이 구글과 아마존?

얼마 전 유니클로는 도쿄 아리아케에 신사옥을 완공했다. 그곳에서 진행한 '아리아케 프로젝트' 설명회에서 야나이 사장은 이런 비전을 밝혔다.

"모든 산업은 정보산업과 서비스산업으로 변하고 있습니다. 우리는 단순 SPA를 넘어 최첨단 정보제조소매업을 구축할 것입니다. 이제 우리의 라이벌은 구글과 아마존입니다."

왜 구글과 아마존을 라이벌로 지명한 것인가? 유니클로는 의류제조업이 아니던가? 유니클로는 어떤 미래를 준비하고 있는가?

야나이 사장은 기술의 발전과 시대의 변화로 업종의 구분과 차이가 사라지고 있다고 말한다. 옷을 만들든, 서비스를 제공하든 살아남으려면 중요한 한 가지가 있다. 바로 '소비자가 원하는 것을 충족할 수 있어야 한다'는 것이다. 라이벌로 지명한 아마존은 이미 SPA 시장에도 뛰어들어 상품을 판매하고 있다. 이렇게 업종을 뛰어넘는 변화에 적극적이고 선제적으로 대응하겠다는 뜻으로 그들을 라이벌이라 선언한 것이다.

유니클로는 싸고 좋은 상품을 빠르게 공급하는 SPA 방식으로 성장한 기업이다. 하지만 지난 2015년 겨울, 이런 방식에 제동이 걸렸다. 그해 겨울은 이상고온으로 예상과 달리 따뜻했다. 추운 겨울을 예상하고 생산한 패딩이나 점퍼가 팔릴 리 없었다. 대부분의 의류업체가 그렇듯, 유니클로도 고가 겨울의류 매출이 이익의 상당부분을 차지하고 있었다. 이린 상황에서 일시적이긴 했으나 매출이 10%나 하락하는 부진을 경험했다. 이는 주가 폭락으로 이어져 야나이 사장도 무려 1조 7,000억 원이라는 자산이 하루아침에 증발하는 것을 바라봐야 했다.

이번 설명회는 이러한 시행착오를 극복하고 도약하기 위한 새로운 전략을 소개하는 자리였다. 이 자리에서 야나이 사장은 유니클로의 대대적인 변화를 예고했다.

아리아케 프로젝트의 핵심은 전체 공정을 IT 기술로 일원화하는 데 있다. 상품의 기획부터 유통까지 1년 정도 걸리던 것을 단 2주일 이내로 단축하는 스피드 경영을 하겠다는 것이다. 이를 현실화하기 위해 거대한 물류센터를 갖춘 신사옥을 짓게 된 것이다. 꼭대기인 6층에는 상품의 기획부터 마케팅, 생산 등 관련된 모든 분야의 핵심 직원 1,000여 명이 함께 머리를 맞대고 근무하고 있다. 지금까지 기획에서 시작한 상품과 정보는 소비자에 이르기까지 순차적으로 전달되었다. 하지만 이제부터는 모든 정보를 한 공간에서 관련된 모두가 철저하게 분석하고 공유해 더 강한 조직을 만들겠다는 의지다. 또한 기존의 대량생산 방식과 함께 소비자 개인의 취향을 리얼타임으로 반영해 그에 맞춘 경영을 하겠다는 계획이기도 하다.

완전실력주의로 놀랄 만큼 빠르게, 그러면서도 치밀하게

유니클로의 생산 과정을 보면 보통 1년에서 짧게는 6개월 전에 기획을 시작한다. 디자인을 결정한 뒤 해외 공장에서 빠르게 대량생산했다. 이를 바탕으로 일본을 넘어 글로벌 브랜드의 위치에 올라설 수 있었다. 시골의 작은 양복점을 손에 꼽히는 글로벌 기업으로 바꿔낸 비결은 무엇일까. 이는 '누구보다 빠르게' 움직이고 '어느 하나 허투루 하지 않는 효율적인' 경영이 있었다.

지주회사 격인 '패스트리테일링'의 사명에서부터 알 수 있듯, 유니클로는 스피드 경영의 대명사다. 고객의 요구를 누구보다 먼저 포착해왔다. 그리고 스피디하게 기획과 제작을 진행했다. 모두가 놀랄 만큼 빠르게 상품화해 고객에게 가치와 감동을 선사해왔다.

문제가 포착된 순간 나서서 해결하지 않으면 기회를 놓치는 것은 물론, 결국 망하게 된다는 생각으로 일해 왔다.

이는 일선 매장의 직원부터 야나이 사장에 이르기까지 모두 공유하는 정신이다. 세계적 기업이 된 지금도 처음의 긴장을 놓지 않고 스피드가 떨어지는 것을 늘 경계한다. 그런 그들이 빠르게 변하는 산업 환경에 적응하고 고객 요구에 부응해야 살아남을 수 있다며 '더 빠르게' 움직일 것을 선택한 것이다.

많은 기업에서 경영환경개선 또는 경영효율화라는 이름으로 진행하는 조치들을 보면 공통점을 찾을 수 있다. 흔히들 인건비의 비중을 줄이면서 업무 강도를 높이는 '쥐어짜기' 식으로 진행하는 것이다. 이는 근본적 해결책이 되지 못한다. 단지 발등에 떨어진 불을 끄기 위한 짧은 안목에서 벌어지는 일들이다.

유니클로가 업무의 효율을 높이기 위해 실시했던 일들을 보면 근본적으로 다름을 알 수 있다. 그들은 아무리 시스템이 좋아도 사람이 바뀌지 않으면 무용지물임을 알고 있었다. 신사옥에 무려

1,000여 명의 직원을 한 공간에 배치한 것만 봐도 그렇다. 쓸데없는 의전이나 겉치레를 없애고 수평적 조직을 만들고자 노력한 유니클로였다. 나는 이번 신사옥의 모습을 보면서 더욱 강해진 의지를 엿볼 수 있었다. 일본에서 순회 인터뷰를 진행할 때 직접 목격했던, 효율을 가로막는 그 무엇도 용납하지 않는 유니클로의 문화는 다시 고도화되고 있었다.

유니크한 조직에 동메달은 필요 없다

"믿고 일을 맡길 수 있는 사람이 없다."

"조직을 생각하지 않고 자기 자신만 돌보는 직원들만 있다."

"적당히 맡은 일만 하고 도전하는 모습은 볼 수 없다."

이제까지 수많은 기업과 개인을 코칭하면서 경영진이나 중간 관리자로부터 들어온 불평이다. 왜 그럴 것 같은가? 이런 불평과 하소연 전에 당신의 조직은 과연 '일하고 싶은 조직'인지 돌아보기 바란다. 유니클로는 뛰어난 인재들이 모여들고 알아서 일하도록 먼저 장을 마련했다. 일하고자 하는 열정으로 가득한 인재들은 그

능력을 마음껏 펼칠 수 있는 곳에 알아서 찾아오기 마련이다.

유니클로는 사양산업이라 불렸던 의류제조업에서 눈부신 성과를 보여주었다. 그리고 일본의 장기 불황에서도 독보적인 실적을 보여주며 어느새 글로벌 브랜드로 성장했다. 이는 '글로벌 No.1'을 향한 열정으로 조직이 하나 되어 이루어낸 결실이다. 경기침체와 장기 불황에 대한 불안감을 가진 우리에게 시사하는 바가 적지 않다.

나는 수많은 조직과 구성원들에게 유니클로를 다시 한 번 소개하고자 한다. 어려움의 시기를 보내고 있는 우리에게 좋은 사례가 될 수 있다고 믿는다. 이 책에서는 유니클로 성공의 밑바탕이 되었던 유니크한 정신과 인재양성 시스템에 초점을 맞추었다.

유니클로는 특별한 입사식으로 유명했다. 가을부터 새로운 학기를 시작하는 일본에서는 보통 4월 초에 신입사원 입사식을 진행한다. 하지만 유니클로는 다른 곳보다 한 달 정도 빨리 입사식을 진행한 것이다. 학기는 모두 마쳤지만 졸업식을 남겨둔 상황에서 입사식을 경험하고 업무를 진행하도록 했다. 졸업식에 참석하면 이미 직장인이 된 자신이 다른 친구들과 달라졌다는 느낌이 들어 좋았다는 평가도 많았다. 이 제도는 의욕적인 인재들에게는 특별한 동기부여로 작용했다.

유니클로는 이런 특별한 입사식을 통해 남들보다 빨리 성장할 기회가 있다는 것을 상징적으로 체험하게 했다. 의욕적으로 일하려는 신입사원들의 기를 죽이고 억지로 기강을 잡아 조직의 노예처럼 부리려 하지 않았다. 그들은 이 조직의 구성원이 되었다는 자긍심을 먼저 심어주었다. 그리고 일을 통해 사람이 성장할 수 있는 문화를 중요하게 여겼다.

야나이 사장과 유니클로의 임직원들은 글로벌 3위의 기업을 만들었지만 하나같이 "동메달은 필요가 없다. 우리는 금메달을 딸 것이다."라고 말한다.

소도시의 작은 양복점에서 시작한 유니클로는 어떻게 '글로벌 No.1'을 바라보는 수준으로 성장할 수 있었는가? 유니클로의 비전은 어떻게 현실이 되었는가? 유니클로의 성장을 이끈 원동력은 과연 무엇인가?

그렇다면 지금 우리는, 유니클로에서 무엇을 보아야 하고 어떻게 적용해야 할 것인가?

멈추지 않는 승부욕과 변화의 흐름을 읽고 선제적으로 대응하는 유니클로를 보며 비즈니스 정글에서 살아남을 깨달음을 얻을 수 있기를 바란다. 그리고 당신의 삶과 조직에 어떻게 적용할지 고민하고 실제적인 변화의 계기가 되길 기대한다.

지은이 김성호

| 목차 |

〈일러두기〉

· 독자의 이해를 돕기 위해 한국의 원화와 일본의 엔화를 혼용했다.

· 회사명과 이름 등 고유명사는 한글 표기를 중심으로 했다.

· 야나이 다다시는 회장 겸 대표이사 사장이라는 직함을 가지고 있다. 본문에서는 '사장'이라고
표기했다.

· 유니클로는 일본 패스트패션 업체인 패스트리테일링의 대표 브랜드다. 본문에서는 패스트리
테일링과 유니클로를 함께 편의상 '유니클로'라고 표기했다.

· 본부 방문, 임직원 인터뷰, 각종 문헌과 자료 등을 통해 다면적 검증을 실시했다. 자료에 따라
발견한 시점이나 숫자 등의 미미한 오차는 적절하게 수정, 표기했다.

Part 1

'속도'와 '효율'에 모든 것을 걸어라

1

업무도 회의도 속전속결, 이름조차 '패스트'리테일링

소소한 약속부터 철저히 지키는 것은 신용을 얻는 기본 중의 기본이다. 이것은 모두의 시간을 소중히 여기는 마음에서 비롯된다. 유니클로의 스피디한 압축업무는 이런 태도에서 시작한다.

유니클로가 기적적인 성장을 거듭하던 시기였던 2000년, 어느 대형 무역상사의 간부는 한 인터뷰에서 유니클로에 대해 이렇게 말했다.

"유니클로를 보면 엄청난 긴장감과 스피드가 느껴집니다. 도저히 따라잡을 수 없다는 생각이 들 때도 있습니다."

그들처럼 아무리 사람이 많고 큰 조직이어도 빨리 결정하고 빨리 일처리를 하려면 어떻게 해야 할까? 무엇이 필요할까?

조직이 커지면 자연스레 나타나는 병폐 중 하나가 의사결정 속도가 느려진다는 것이다. 큰 조직일수록 윗사람의 의사결정을 애타게 기다리며 시간을 낭비하는 경우가 허다하다. 그런데 급성장하는 조직은 항시 긴박하게 돌아가므로 무엇보다 스피디하게 움직여야 한다. 리더는 빠르게 의사결정을 내리고 구성원들은 민첩하게 움직여야만 기대하는 성과를 만들어낼 수 있다.

그렇다고 무조건 지시를 내리고 이를 수행하는 톱다운top-down 방식이 늘 바람직한 것은 아니다. 카리스마 경영이나 톱다운 방식에만 의존해 조직을 운영한다면 직원들의 창의력과 자발성이 사라진다. 때로는 아래에서 위로 적극적으로 의견을 개진하고 의욕적으로 추진하는 보텀업bottom-up 방식이 필요하다. 그런데 이 두 가지 방식 모두에서 전제되어야 할 조건은 바로 '스피드'다. 일을 잘 하기 위함이라며 속도의 가치를 훼손하면 진정한 프로가 될 수 없다. 유니클로는 이 스피드를 무기로 승승장구하고 있는 대표적인 기업이다.

회의 5분 전, 당신은 어디에 있는가?

오후 2시에 회의가 잡혔다면, 당신은 언제 회의실 의자에 앉는가? 유니클로 사람들은 대부분 회의가 시작하기 5분 전에 모여 자리를 채운다. 1시 55분에 회의를 시작해도 전혀 이상하지 않을 정도로 말이다. 철저한 준비성, 이는 전사적으로 공유되고 있는 유니클로의 '5분 전 정신'이다.

이는 업무를 대할 때 '시간개념'이 얼마나 철저한지를 잘 보여주는 사례다. 또한 남들의 시간도 소중하다는 배려심이 뿌리 깊이 공유되어 있다는 방증이다. 다양한 업계나 조직을 코칭하면서 내가 발견한 것 중 하나는 실적이 좋지 않고, '사람 때문에 힘들다'는 임직원들이 많은 조직일수록 공통적으로 시간개념이 없다는 사실이다. 유니클로 사람들은 '꿈이 있는 회사는 일찍 시작하고, 준비가 잘 되어 있다'는 믿음을 공유하고 있다. 한마디로 '회사의 비전이 보인다'는 말이다. '이 회사는 내 꿈을 실현할 수 있는 곳'이라는 생각을 공유하고 있기 때문에 구성원 모두 신나게, 빠르게, 부지런히 일하고 싶은 것이다.

유니클로의 '5분 전 정신'은 "약속을 했으면 그전에 미리 완료하는 '실행 마인드'를 습관으로 만들어야 한다."는 야나이 사장의 경영철학에서 비롯됐다. 사정이 있어 회의에 참석하지 못할 수 있다. 하지만 별다른 이유 없이 늦는 것은 용납되지 않는다. 아무리 소소한 약속이라도, 그것을 지키는 것은 신용을 얻는 데 가장 중요한 기본 중의 기본이다. 결국 신뢰는 동료나 상대방에게 얼마나 마음을 썼는가, 얼마나 넓고 깊게 그의 입장에서 고민했는가의 결과물이다. 마음 씀씀이, 생각 씀씀이라는 말이다.

정해진 출발시간에 1초라도 늦으면 열차를 탈 수 없다. 마찬가지로 며칠, 몇 주, 몇 개월 동안 준비한 프로젝트가 순간을 놓쳐 수

포로 돌아가는 일이 허다하다. 심지어 1년 이상 준비한 입찰에 몇 분 늦는 바람에 서류조차 제출하지 못하는 경우도 있고, 엄청난 돈을 투자해 기술을 개발해놓고도 기한을 맞추지 못해 제안서도 내지 못하는 경우도 있다. 조금밖에 늦지 않았으니 봐달라고? 아무리 애원해도 떠난 열차는 돌아오지 않는다. 그러므로 업무를 할 때는 약속한 시간을 반드시 지켜야 한다. 더욱 바람직한 것은 약속시간보다 먼저 준비를 끝내고 기다리는 것이다.

떠난 열차 뒤에서 손 흔드는 일을 미연에 방지하려면 평소 '5분 전 정신'을 철저하게 견지해야 한다. 9시에 회의가 예정되어 있는가? 그렇다면 8시 55분에는 회의실에 도착해 있어야 하지 않을까? 그리고 회의가 시작하기 전에 이메일이나 전산망으로 미리 배포된 자료를 읽고 숙지하는 정성이 필요하다. 그런 준비가 없다면 깊이 있게 들어가지 못한 채 쓸데없는 논쟁으로 귀한 시간만 낭비하게 된다. 이처럼 한두 사람의 지각자 때문에 혹은 회의내용을 숙지하지 않은 몇 사람 때문에 나머지 구성원들이 허공만 바라보며 기다린다면 이 얼마나 비효율적인 일인가? 참석한 이들의 버려진 시간을 비용으로 환산하면 엄청난 금액이 된다.

회의나 토론회 등 여러 사람이 모이는 행사는 거기에 참석하는 모든 사람들의 고귀한 시간을 사용하는 일이다. 그러므로 그 귀중한 시간들을 합친 것 이상의 높은 부가가치를 만들겠다는 책임의식이 필요하다. 사람이 모이면 덧셈이 아니라 곱셈의 결과를 만들어야 한다. 그러한 책임의식을 가지고 있다면 시간약속을 칼같이 지키는 것은 너무나 당연해진다. 다시 한 번 강조한다. 적어도 5분 전에 모든 것을 완료해놓아야 한다.

모든 일은 성공하기보다는 실패할 확률이 높기 마련이다. 그렇다보니 사람들은 모두 성공하기 위해 애를 쓰기 마련이다. 하지만 제대로 준비를 하지 않고 게임에 들어선다는 것은, 이미 실패할 것을 준비한 것이나 다름없지 않을까. 철저히 준비해도 제 실력을 발휘하기 쉽지 않은 것이 실전인데, 미흡한 준비라면 실력을 전혀 발휘할 수 없으니 결국 패할 수밖에 없다. 미리 경기장에 나와 스트레칭을 하고 몸을 풀어라. 그래야 실전에서 부상당하지 않고 제 실력을 발휘할 수 있다. '5분 전 정신'은 바로 승자의 방식이다.

그리고 한 가지 더. 실력을 키우기 위해서 기본기를 다지고 생각을 성숙시키는 연습이 필요하다. 운동선수들이 많은 시합을 경험한다고 실력도 자연스레 성장하는 것이 아니다. 좋은 성적을 거두고 있는 선수나 팀은 시합보다도 이를 위한 연습에 비교할 수 없이 많은 시간을 더 투자한다. 특히 단체운동의 경우 그 연습량은 상상을 초월한다.

처음부터 프로급 실력을 가지고 태어나는 사람은 없다. 인정받는 프로들은 지난 시간 동안 자신의 길에 엄청난 시간과 노력을 투자한 사람들이다. 그들은 그것 자체를 좋아한다. 그러면서도 서두르지 않고 우직하게 걸어간다. 작은 성공을 소중히 여기면서 차곡차곡 쌓아나간다.

'스피드'야말로 유니클로 최고의 무기다

유니클로는 1984년 1호점을 개점한 이후 한동안은 매년 1~2매장씩 늘려갔다. 1985년 6월에는 독립매장 형태의 로드숍을 야마구치 현 시모노세키에 개점하면서 고객이 직접 찾아올 수 있는 매장 컨셉도 개발했다. 1986년 10월에는 야마구치 시에 첫 번째 가맹점을 열었고, 이듬해에는 직영점 7개 외에도 신사복·여성복 매장 6개를 포함해 모두 13개 매장을 보유했다. 1991년에는 직영점 16개, 가맹점 7개, 신사복·여성복 매장 6개 등 총 29개로 늘어났다. 그런데 매장이 늘어나자 문제점들이 발생했다. 구매가 줄고 판매가 계획대로 이뤄지지 않자 재고가 넘쳐난 것이다. 게다가 날씨나 계절변화에 제대로 대응하지 못하자 이는 고스란히 엄청난 손실로 돌아왔다.

야나이 사장은 이 문제를 해결할 열쇠는 '스피드' 밖에 없다고 판단했다. 1991년 9월, '오고리상사小郡商事'였던 회사명마저 '패스트리테일링Fast Retailing'으로 변경했다. 회사명에 '패스트fast'를 넣은 이유는 '스피드'를 경영의 무기로 삼겠다는 강한 의지를 표명한 것이었다.

한 걸음 더 들어가보자. '패스트리테일링'이라는 이름에는 다음과 같은 기업철학과 기업가 정신이 담겨있다. 고객의 요구를 가장 빨리 포착해서, 최고의 스피드로 기획·제작하고, 고객이 놀랄 만큼 빠르게 상품화해 고객에게 가치와 감동을 선사한다. 이는 스피디한 실행력을 바탕으로 전 임직원이 현장의 문제를 적극적으로 해결하지 않으면 기회를 놓치고 결국 위기를 맞게 된다는 위기의식도 포함되어 있다. 야나이 사장은 유니클로가 세계적인 기업으로 성장한 지금도 "회사 내에서 속전속결의 스피드가 떨어지는 것을 가장 경계해야 한다."고 항상 강조하고 있다.

야나이 사장은 사명 변경을 알리던 당시 사원들 앞에서 상상을 초월한 목표를 발표했다.

"지금부터 유니클로 매장을 전국으로 확대합니다. 매년 직영점 30개씩 신규 출점하고, 3년 후에는 매장 수를 반드시 100개 이상으로 늘려 주식을 상장합시다!"

사실 그의 말은 간부들이 먼저 나서서 직원들에게 비전을 심어주고, 목표를 달성할 때까지 온몸으로 실행하자는 취지였을 것이다.

실제로 1992년 4월, 유니클로 매장은 60개(직영점 53개, 가맹점 7개)로 늘었고, 이듬해인 1993년 8월 말에는 90개(직영점 83개, 가맹점 7개)로 늘어났다. 야나이 사장이 공언했던 3년이 지난 1994년 4월, 유니클로는 116개 매장(직영점 109개, 가맹점 7개)을 보유한 회사로 성장해 있었다. 그리고 그해 7월 히로시마 증권거래소에 상장한다.

유니클로는 대부분 직영점으로 매장을 늘렸다. 직원을 키우고, 직원들이 성공할 무대를 제공하기 위함이었다. 가맹점 형태로 한다면 더 빨리 전국적으로 매장을 더 빨리 늘릴 수 있었겠지만, 그렇게 하면 직원들이 경영자로 성장할 기회가 줄어든다고 판단했기 때문이다.

긴장감을 잃지 않고 빠르게, 즐겁게, 오래 가는 법

유니클로는 초기에 본부가 있었던 야마구치를 중심으로 인접한 기후의 나고야, 오사카 등에 위치한 생산업체와 유통업체를 돌며 매주 상품을 조달했다. 당시는 일본 내 의류생산이 활발했고 생산성도 좋았다. 물론 당시에도 중국 제품들이 조금씩 들어왔지만 품질이 형편없었다.

당시 의류판매점은 공상이나 유통업자가 기획한 상품을 선택해 매수하는 '위탁판매' 방식을 주로 이용했다. 이 방식은 팔고 남은 상품에 대해 반품이 가능한 구조로 소매업자의 리스크는 적지만 그만큼 매입단가가 높아지는 구조다. 공급하는 측에서는 반품 수량까지 감안해 판매가를 정했기 때문이다. 그런 구조에서 수익률을 확보하려면 소매점의 가격은 높아질 수밖에 없었다. 결과적으로 소비자는 비싸게 사게 되고, 상품구성이나 기획을 제조 혹은 유통업체가 주도하기에 상품의 일관성도 떨어졌다. 소매점이 판매가격을 통제하려면 주문을 늘려야만 했다. 그러기 위해서는 매장을 늘려 구매력을 키우고 자체 기획한 상품을 위탁해 생산하는 방식으로 발전시켜야 했다.

이런 환경을 극복하기 위해 야나이 사장은 제조업체와의 교섭에 전력을 쏟았다. 팔다 남은 상품을 소위 땡처리라 부르는 덤핑 같은 방식으로 파격적인 가격에 매입했다. 이때는 반품을 하지 않는다는 조건에 현금으로 거래했기에 현금이 당장 필요했던 제조업체 입장에서도 좋은 거래였다. 저렴한 가격으로 상품을 조달하기 위해 공격적인 거래에 모험을 걸었다. 이를 위해 방대한 지역을 돌아다녀야 했고, 즉석에서 대량으로 구매해야 했다. 심지어

지속적으로 거래하기 위해 품질이 떨어지는 것까지 구매해야 할 때도 물론 있었다. 당시 야나이 사장을 포함해 매입담당 직원들은 서로 누가 빨리 완전판매할 수 있는 상품을 구해왔나 하는 경쟁을 했다.

당시 유니클로는 자금이 풍족하지 못했기 때문에 저렴한 가격을 무기로 신속하게 팔릴 상품을 들여와 회전율을 높였다. 팔리지 않은 상품은 시즌이 끝나기 전 빠르게 할인해 '가격파괴'로 완전히 팔아치우는 전략을 펼치기도 했다.

유니클로는 이때부터 절대로 내년 시즌까지 재고를 가지고 가면 안 된다는 생각으로 완전판매를 목표로 했다. 나아가 '밀어내기 혹은 팔아치우는 작전이 아니라, 고객의 욕구나 필요에 미리, 빠르게 대응할 수 있는 체제로 전환'하는 것을 궁극적인 목표로 삼았다.

전국적으로 매장을 늘리며 공격적인 경영을 전개하자 잘 팔리는 상품의 경우 수량을 확보하기가 점점 힘들어졌다. 품질은 더 큰 문제였다. 상품을 매입해 판매하는 방식으로는 도저히 높은 품질을 유지하기가 어려웠다. 유니클로만의 특화된 디자인 역시 엄두도 내지 못했다. 결국 전국적인 브랜드로 키우기 위해서는 자체적으로 기획해 저렴한 가격에 제대로 된 품질을 맞춰낼 수 있는 곳에서 관리, 생산하는 방식이 필요했다.

당시 캐주얼 의류라는 것은, 저렴한 가격에 누구나 부담 없이 입고 쉽게 버리는 옷이었다. 디자인은 촌스럽고 대개 비슷비슷했다. 유니클로도 이런 이미지를 벗어나지 못했다. 야나이 사장은 해결책을 찾아야 한다는 생각에 밤잠을 설쳤다.

'내가 그렸던 유니클로는 이런 모습이 아닌데….'

야나이 사장은 처음에 꿈꾸었던 이상을 다시 떠올리고 사명감을 생각했다. 소위 '싼 게 비지떡'이라는 이미지는 죽어도 싫었다. 아무리 생각해도 기존의 방식으로는 고객에게 팔 만한 상품이 없었다. 고객이 즐겁게 들어와 쉽게 구매할 수 있는 곳, 입고 싶었던 옷을 자유롭게 구매하는 곳, 상품의 가치를 느낄 수 있는 옷을 판매하는 그런 곳을 만들고 싶었다. 그리고 애초 브랜드명인 '유니크 클로딩 웨어하우스Unique Clothing Warehouse'처럼 독창적이고 개성 넘치는 옷으로 가득한 창고형 매장을 계속해서 고민했다.

해외에서 들여온 상품은 그런대로 잘 팔렸지만 대행업체를 통해 납품을 받다보니 이익이 크지 않았다. 이익률을 높이자면 물량을 늘려야 했다. 하지만 해외에서 주문생산한 제품은 반품이 불가능해 재고를 고스란히 떠안아야 했다. 그러니 상품기획이나 발주를 잘못하면 치명적이었다. 결국 좋은 상품을 저렴하게 확보하려면 해외에서 직접 생산해 들여오는 수밖에 없었다.

1985년 플라자 합의(1980년대 일본의 비약적 발전으로 경제위기를 맞게 된 미국은 엔화의 가치를 올려 위기를 극복하고자 했다.) 후 엔화 강세가 이어졌다. 그런데도 수입가는 내려가지 않고 요지부동이었다. 야나이 사장은 의문을 풀기 위해 1986년 홍콩 현지를 답사했다. 무관세 지역인 홍콩의 캐주얼 의류 가격은 얼마인지, 어떤 상품들이 팔리고 있는지 직접 확인하고 싶었기 때문이다.

그곳에서 품질 좋은 지오다노Giordano 폴로셔츠를 본 야나이 사장은 드디어 해결책의 실마리를 찾았다. 그 셔츠의 가격은 엔화로 1,500엔이었는데, 일본에 들여와 판매한다면 1,900엔 정도에 팔 수 있을 것 같았다. 지오다노는 자체 상품을 기획·디자인해서 자사와 관계를 맺고 있는 의류공장에 생산을 위탁하고 있었다. 그래서 지오다노 상품을 생산하는 공장을 수소문했다. 유니클로도 자체적으로 위탁생산을 해보겠다는 생각이었다.

결론부터 말하면, 야나이 사장으로서는 지오다노 협력공장을 찾은 것이 가장 큰 수확이었다. 믿을 만한 공장을 확보했을 뿐만 아니라 캐주얼 의류의 성공 가능성을 직접 확인했기 때문이다. 야나이 사장은 이때의 경험에 대해 '큰 영감을 얻었던 순간'이라고 회상했다.

홍콩에서 야나이 사장은 지오다노의 창업자인 지미 라이Jimmy Lai 도 만날 수 있었다. 지미 라이는 12세 때 중국 광저우에서 홍콩으로 밀항해온 가난한 공장 노동자 출신으로 대단한 열정과 부단한 노력으로 큰 성공을 이룬 인물이었다. 당시 지미 라이와의 첫 만남에서 '나와 같은 나이의 지미 라이도 해냈는데 나라고 못할 것 없다'는 자신감을 얻었다고 한다. 또한 '사업에는 국경이 없다. 제조와 판매 역시 경계가 없다'는 교훈도 함께 얻었다.

당시 답사 과정에서 한 공장을 방문했을 때 한 가지 아이템을 무려 300만 장씩 생산하는 모습을 직접 확인하면서 캐주얼 의류의 엄청난 성장 가능성을 발견하게 되었다. 그 옷들은 미국의 대형 의류 브랜드인 리미티드Limited로 납품되고 있었다. 야나이 사장은 한 가지 아이템이 어마어마한 양으로 팔리고 있다는 사실에 충격을 받았다.

야나이 사장은 이 일을 계기로 거대한 SPAspecialty store retailer of private label apparel를 만들겠다는 결심을 하게 된다. 지금은 흔한 방식이 된 SPA는 제품의 기획·생산부터 소매·유통까지 본사가 총괄해 저렴한 가격과 우수한 품질의 제품을 빠르게 생산하는 방식이다. 유니클로 역시 '고품질 캐주얼 의류를 최저가로 공급한다'는 회사의 전략에 맞춰 전략을 구축하면서 매뉴얼을 만들었다. 고가 브랜드라면 소량판매 전략으로도 문제가 없겠지만, 저가 브랜드의 경우 대량생산과 대량판매 능력은 필수다.

유니클로는 1988년 3월 홍콩에 상품구매 사무소를 설립했다. 좋은 상품을 저렴하게 확보하기 위한 장기적인 성장전략의 일환이었다. 그리고 같은 해 7월에는 효율성 개선을 위해 전 매장에 도·소매 재고를 실시간으로 파악할 수 있는 POS point of sales 시스템을 도입했다. 당시로서는 의류판매점의 POS 도입은 파격적이었다. 덕분에 일찍부터 유니클로의 모든 직원들은 현장에서 데이터를 가지고 주도적으로 일을 할 수 있었고, 직원들의 경영능력도 빠르게 키울 수 있었다. 그만큼 본부와 현장이 즉각적으로 연계되어 대응능력이 빨라졌고, 데이터 변화를 먼저 감지해 선제적으로 대응하는 문화가 만들어졌다. 유니클로는 지금까지 데이터경영을 중시하며 사내 ICT 인프라 등에 선제적으로 투자하며 혁신을 지속하고 있다.

이어 1989년 2월에는 오사카 사무소를 개설해 본격적으로 자체 상품을 기획하고 개발하는 체제도 구축했다. 유니클로만의 오리지널 상품개발에 착수하면서 공급원의 품질과 디자인 퀄리티를 높이는 문제도 지속적으로 개선해나가야 했다.

'한번 주문 한 것은 우리가 모두 책임진다.'

이때부터 유니클로 직원들은 이 다짐을 납품업체와의 사이에서 불문율처럼 지키기 시작했다. 그들은 문제를 회피하거나 남에게 떠넘기기 않았다. 모두 자기 일처럼, 자기 부서의 일처럼 문제의식을 가지고 함께 고민했다. 또한 너나 할 것 없이 과감하게 도전하고 문제에 정면으로 부딪혀봄으로써 세계를 보는 눈을 얻었다.

2 효율을 높일 수 있다면 무엇이든 고치고 바꾼다

골방에 틀어박혀 혼자 일하면 누군가는 똑같은 일을 반복하게 된다. 숨기지 말고 나와서 공유하고 협업하라. 함께 일할 때 시너지 효과가 생기고, 자연스레 효율이 높아진다.

도쿄 시내에 있는 유니클로 본부 건물에는 직원들의 개별 책상과 칸막이가 없다. 그리고 회의실은 투명하게 되어 있고, 의자가 없는 회의실도 있다. 심지어 오후 7시가 넘으면 사무실의 조명이 모두 꺼진다. 코칭을 하면서 이런 유니클로의 실제 사례를 들려주면 의아해 하는 사람들이 많았다. 열에 아홉은 "아니, 그러면 어떻게 일을 하라는 말인가요?" 하고 되묻기 마련이었다.

대부분의 사람은 변화를 싫어한다. 마음속에 변화에 대한 갈망은 있을지언정 귀찮고 피곤하기 때문에 실제로 행동이 변화하지는 않는다. 그래서 유니클로는 먼저 환경을 바꾸고자 했다. 환경이 바뀌면 사람 또한 바뀌기 때문이다. 2006년 3월, 유니클로는 도쿄 중심가인 치요다 구에 새로운 본부를 구축하며 대담한 사무실 개혁을 실행에 옮겼다. '무한성장'이라는 경영전략에 걸맞게 일터도 혁신해야 한다고 생각한 것이다. 이는 모든 임직원이 '안정'이 아니라 '도전'을 추구해야 한다는 의도적인 변화작업이었다.

유니클로 한 간부는 나와의 인터뷰에서 이렇게 강조했다.

"사무실 개혁은 유니클로의 끊임없는 변화의 연장선상입니다. 무엇보다 중요한 것은, 모든 유니클로 사람들의 변치 않는 벤처정신입니다."

하지만 아무리 좋은 시스템을 구축해도 사람이 바뀌지 않으면 무용지물이다. 많은 기업들이 시스템 구축에 엄청난 돈을 투자하는데도 효과를 제대로 보지 못하고 실패하는 것도 이런 까닭이다. 업무개선과 효율화는 '쥐어짜기'나 '부려먹기'가 아니다. 운영비와 같은 고정비용들을 줄이고 구매나 생산비용 절감을 통해 얻어지는 자원들을 신사업, 신기술, 신시장 개척으로 재배치해 성장을 도모하는 것이다.

내 자리도, 칸막이도, 회의실에 의자마저 없다

짧은 기간 내에 엄청난 성공을 거두자 유니클로 내부에도 급성장한 기업에서 흔히 발생했던 '대기업병' 증세가 나타났다. 개인마다 성역이 생기고 부서 이기주의가 눈에 띄기 시작한 것이다. 그 결과 구성원들은 업무의 효율성보다는 자신의 영역을 지키는데 급급했다.

각자 자기 구멍 속으로 들어가 무슨 일을 하고 있는지 도무지 알 수 없는 사무실은 다 같이 죽는 사무실이다. 유니클로가 칸막이를 없애면서 시작한 사무실 혁신은 '같이 일하는 조직'에 머무르지 않고, '같이 성장하는 조직'을 만들기 위한 엄청난 도전이었다.

"성을 쌓고 사는 자는 반드시 망할 것이며, 끊임없이 이동하는 자만이 살아남을 것이다."

돌궐제국의 명장 톤유쿠크의 비문에 새겨진 명언이다. 조직도 마찬가지다. 똑똑하다고 자부하는 일부 사람들은 마치 자신만의 비법이라도 있는 양 자기 자리를 성역화하고 그곳에서 나오지 않으려는 경향이 있다. 옆자리의 동료는 어떤 일을 하고 있는지 모른다면 그 조직은 이미 퇴보의 길을 걸어가고 있는 것이다. 협업의식이 사라지면 서로 독려하고 잘해보자는 분위기도 사라진다. 그러면 결국 조직 전체의 시너지가 떨어져 실적이 줄어든다.

톤유쿠크의 비문처럼 성역화는 단절된 조직문화의 병폐다. 소통은 조직에서 혈액순환과 같다. 그래서 팀이나 부서, 부문을 초월한 소통이 부족해지면 조직에 역동성이 떨어지고 혁신적인 아이디어도 줄어든다. 문제에 대한 해법을 찾는 데도 한계가 생길 수밖에 없다. 모든 조직이 그렇다. 폐쇄적인 구조에서는 퇴적물이 쌓이듯 소위 적폐들이 쌓일 수밖에 없다.

다양한 인재들로 구성되어 있고, 힘을 모아서 큰 목표를 달성하는 유기적 협업 시스템으로 조직이 굴러간다. 물리적, 심리적, 의도적인 장벽들이 모두 사라져야 이른바 적폐들이 사라지게 되고, 서로 배우며 발전하는 조직이 된다. 이러한 장벽이 없어진 환경에서 여러 사람들의 지식과 경험, 노하우가 보태지면, 작은 눈뭉치를 굴려 거대한 눈덩이를 만들 듯이 엄청난 시너지 효과가 생긴다. 조직은 시너지 효과가 있어야만 경쟁에서 살아남을 수 있다. 덧셈을 넘어 곱셈으로 팍팍 성장하니 경쟁에서 따라올 자가 없는 것이다.

잘나가는 조직들을 살펴보면 하나 같이 의견교환이 활발하고 자주 모인다. 게다가 부서나 팀을 초월해 협업하다 보면 모든 것이 스피디하기 때문에 개개인의 성장도 빨라질 수밖에 없다. 그래서 두 사람이 모이면 다섯 사람의 일을 해내고 세 사람이 모이면 열 사람 이상의 일을 해낸다. 함께 움직이고 소통이 살아야 조직은 제대로 시너지 효과를 낼 수 있다는 사실을 명심하자. 반면 조직이 비대해지고 그 속에서 각자 자기만의 성을 쌓고 사는 조직에서는, 아무리 '소통'이나 '시너지'를 강조해도 '쇠귀에 경 읽기'에 그치고 만다. 최근에는 경영진의 회의록까지 실시간으로 공유하며 소통을 막는 것들을 걷어내고 있다.

유니클로는 구성원들이 일하는 모습을 서로서로 보고 알 수 있는 환경을 조성하고 있다. 눈에 보이지 않는 것을 보일 수 있도록 하는 유니클로식 '가시화 전략'이다. 이것은 '일하고 싶은 사람을 위한 조직'을 만들겠다는 생각에서 출발했다. 내가 하는 일이 다른 사람의 눈에 보이지 않으면, 누군가는 같은 에너지, 같은 시간, 즉 비용을 중복해 지불하면서 똑같은 일을 다시 해야 한다는 사실을 깨달아야 한다. 반면 경험치가 공유되고 소통이 잘되면 다른 사람이 많은 비용과 대가를 치르면서 얻은 귀한 정보를 손쉽게 구할 수 있고 동료의 실수도 되풀이하지 않게 된다. 그리고 좀 더 나은 방법을 찾아내 일을 훨씬 빠르고 완성도 높게 해낼 수 있다.

유니클로가 과감하게 개인 책상을 없애고 각 부서별 고정된 영역 구분을 없앤 이유도 바로 이것이다. 개개인의 성역을 없애고 협업의식을 높여야만 각자의 능력이 상향평준화되면서 빠르게 성장할 수 있기 때문이다. 사무실 구조를 기존의 형태와 완전히 다르게 바꾸어 일하는 스타일을 쇄신하겠다는 의도다. 유니클로의 사무실 개혁에 대해서 일부 사람들은 단순하게 생각해 '자유로운 사무실free office'을 만드는 것이라고 오해하기도 했는데, 그것이 아니라 유니클로의 진짜 목적은 제대로 된 '일하는 공간work space'을 만들고자 한 것이었다. 당시 유니클로의 사무실 혁신을 진두지휘했던 한 간부는 왜 사무실을 오픈된 형태로 바꿔야 하는지에 대해서 이렇게 이야기했다.

"사무실 이전과 개혁의 가장 큰 목표는 구성원 모두가 스스로 일하는 방식을 고민하고 궁리하는 조직으로 만드는 것에 있었습니다. 그러기 위해서는 각자 선택할 수 있는 사무실로 구성하는 방식이 가장 적절하다는 결론을 내렸습니다."

유니클로 직원들은 매일 아침 '오늘은 누구와 의논할 일이 많을까', '오늘은 누구와 협업할 일이 많을까', '어떤 일을 중점적으로 할까' 등을 고민하면서 일할 장소를 정한다. 해야 할 업무나 함께 일해야 할 팀에 따라 그날그날 자리가 달라진다. 회의할 때는 이 방에서, 기획업무는 여기서, 자료조사는 저기에서 하는 식으로 각자 업무에 맞게 적절한 장소를 선택한다.

물론 전체적인 자리 배치와 팀의 운영 권한은 팀장이나 매니저에게 있다. 팀의 리더에게는 자신의 책임 하에 최적의 성과를 만들 수 있도록 팀 조직을 운영하라는 것이다. 그리고 팀원들에게는 다른 동료들과 긴밀한 팀플레이를 하도록 하고 수시로 의논하면서 팀으로 성과를 낼 수 있도록 한다. 큰 틀만 존재하지, 정해진 규칙은 없다. 각자 자신이 일하기 좋은 자리에 앉으면 된다. 그러다 보면 자연스럽게 리더가 있는 장소 가까이에 모여 앉게 된다.

그런데 여기에는 중요한 시사점이 있다. 직원들 스스로 업무에 맞게 적절한 장소와 사람을 직접 고민하고 선택한다는 점이다. 처음에는 직원들도 이런 방식을 낯설고 어색해했다. 하지만 시간이 지나자 업무태도에 변화가 생겼다. 예전보다 더 자주 모여서 의견을 교환하게 된 것이다. 소통하는 장면이 눈에 띄게 늘어났고, 그러다 보니 창업 당시의 열정과 적극적인 창조정신이 되살아났다.

공간을 바꾸자 결과적으로 일의 집중도가 높아졌고, 일하는 방식과 핵심업무에 대해 적극적으로 공유하면서 업무를 더 깊고 진지하게 생각하게 되었다. 남들이 일하는 모습을 보면서 개개인이 자극받고 협업정신도 되새기면서 함께 성장하는 경험도 누리게 되었다. 조직 전체가 상향평준화되었고 전반적인 업무성과 역시 높아진 것은 물론이다.

사무실을 개혁한 후 유니클로에 구체적으로 어떤 변화가 생겨났는지, 직원들의 생생한 목소리를 들어보자. 당시 본부에 근무했던 한 직원은 나와의 인터뷰에서 이렇게 이야기했다.

"언제나 자유롭게 회의를 할 수 있다는 것이 가장 큰 장점입니다. 특히 다양한 부서 사람들이 모여 새로운 프로젝트를 진행할 때 매우 효율적이죠. 공간 활용도 또한 좋아져 신규 입사나 M&A 등으로 사원수가 급증했을 때도 유연하게 대처할 수 있습니다. 예전에는 신입사원이 들어오거나 사원수가 늘어나면 책상과 의자를 새로 구입함과 동시에 공간도 확보해야 했습니다. 하지만 지금은 노트북, 구내 휴대전화, 개인 로커만 지정하면 됩니다."

인터뷰에서 언급된 '구내 휴대전화'는 스스로 생각해서 장소를 선택하는 자립적 행동을 촉진하고, 팀이나 부서를 초월해 좀 더 활발하게 커뮤니케이션 하도록 독려하기 위해 마련한 것이다. 개인별 직통번호가 있으므로 일에 집중하고 싶으면 전화를 끄고 업무를 볼 수도 있다. 물론 그럴 때는 전화를 다른 사람이 받을 수 있게 미리 조치를 해두거나 메시지 모드로 전환해서 업무에 지장을 주지 않도록 한다. 노트북에 긴급 메시지가 뜨게 할 수 있고 동료들이 다들 어디에 자리하고 있는지 알 수 있기에 긴급한 경우에도 즉시 움직일 수 있다.

업무를 마무리하고 퇴근할 때는 서류나 물품은 개인 로커에 보관한다. 결국 책상에는 아무것도 남아있지 않게 된다. 다음날 출근해서는 다시 제로베이스에서 시작하게 되는 것이다.

반드시 보관해두지 않아도 되는 서류들은 과감하게 폐기하고 필요한 것은 정리해 컴퓨터 서버에 담아둔다. 모두가 필요할 때는 즉시, 그리고 알기 쉽게 공유할 수 있는 구조다. 그렇게 정리하면서 일하는 습관이 저절로 몸에 밴다. 보통의 사무실에는 엄청난 양의 서류가 넘쳐나는데 사실은 폐기처분할 쓰레기인 경우가 허다하다. 그런데도 늘어나는 서류를 처리하지 못해 새로운 수납장을 구입하고 그로 인해 더 큰 공간이 필요해져 결국 사무공간은 더욱더 좁아진다.

유니클로는 2006년 본격적으로 개방형 사무실로 혁신하던 시점부터 기존의 공간을 더 알차게 활용하고 죽은 공간을 없애기 위해 팩스, 복사기, 프린터 등은 모두 통합해 각 층의 좌우 양쪽 공간에 배치했다. 개인카드를 꽂으면 전용기기처럼 사용할 수 있다. 예를 들어 스캔한 서류는 자동적으로 컴퓨터 서버의 개인폴더에 보관되고 사내 어떤 기기에서든지 사용할 수 있다. 디자인이나 패턴 도면을 출력하기 위한 CAD프로그램 등이 구비된 장소도 따로 마련했다. 그 결과 상품이나 샘플을 입수하면 곧바로 확인할 수 있어 업무속도가 비약적으로 빨라졌고 효율 또한 높아졌다. 이렇게 되니 혼자가 아니라 함께 누릴 수 있는, 더 여유롭고 자유로운 공간 확보가 가능해졌다. 또한 불필요한 종이 출력물들도 눈이 띄게 줄었다. 이와 동시에 ICT를 기반으로 한 업무의 디지털화 덕분에 더욱 철저하게 서로의 일들을 공유할 수 있었고, 시너지를 내는 데 집중할 수 있게 됐다.

이후 유니클로는 2010년에 본부 전체를 롯본기로 다시 한 번 이전하면서 사무실 혁신을 더욱 고도화시켰다. 최근 준공해 가동을 시작한 신사옥의 최상층에도 본부를 추가로 설치해 기존의 롯본기와 함께 2개소로 운영하고 있다. 새로운 사옥의 운영으로 인터넷을 통한 통신판매 부문의 매출 규모가 급증할 것으로 예상된다. 이처럼 유니클로는 물류혁신과 일하는 방식의 혁신을 계속해서 진화시키고 있다.

유니클로의 이러한 혁신에서 중요한 것은, 모든 임직원들이 일정부터 업무 내용, 아이디어, 데이터, 자료, 문제들까지 실시간으로 공유하는 것이다. 조직 구성원이라면 누구든지, 무슨 일을 하든 어떻게 하면 더 빠르고, 더 효율적으로 할 수 있을까를 함께 고민하는 정신을 공유한다는 사실이다. 유니클로는 사무실 혁신을 통해 구성원들의 내면에 이런 의식과 정신을 심어주었다.

10분 만에 끝나는 임팩트 있는 스탠딩 회의

유니클로 또한 여느 회사처럼 지난주의 매출상황 보고, 이번 주에 해야 할 일, 이 달에 해야 할 일, 해당 시즌에 해야 할 일, 다음 시즌에 해야 할 일 등에 대한 다양한 회의를 진행한다. 하지만 가장 중요한 차이는, 안건에 대해 일목요연하게 검토하고 스피디하게 결론을 내린 후 즉시 실행에 돌입한다는 점이다. 이런 사이클이 흐트러지지 않으려면 구성원들 스스로가 철저히 자기관리를 해야 한다. 긴박하게 돌아가는 회사 상황에 맞게 해야 할 일을 제대로 준비하지 않으면 조직도 개인도 살아남을 수 없다는 사실을 잘 알기 때문이다.

야나이 사장은 "회의 때 아무 발언도 하지 않는 사람은 다음부터 참석할 필요 없다."고 말한다. 생각 없이 일하는 무성의함, 누가 끌어주기만을 바라는 수동적 태도를 철저히 배제하겠다는 의미다. 그리고 여기에는 또 다른 뜻도 포함되어 있다. 매장이나 생산현장에서 올라오는 생각들을 중시해 현장주도형 경영을 하겠다는 의지다.

야나이 사장은 '현장에 집중하고, 그 일을 제대로 생각할 줄 아는 사람'이 중심에 서는 주도형 경영을 줄곧 강조해왔다. 기획, 소재 조달, 생산, 물류, 유통, 재고, 판매 등 이 모든 작업은 상사의 지시를 받아서 하는 것이 아니라, 담당자가 '스스로 생각해서 책임지고 추진하는 작업'이 되어야 한다는 것이다. 그리고 표면적인 소통보다 경영자나 리더가 원하는 것의 본질을 꿰뚫어보고, 그것을 어떻게 구체화할 것인가를 생각하라는 이야기다.

겉지레나 의전, 형식적인 것을 중시하는 곳에서는 경영자가 말하는 것의 본질을 심도 있게 파악하고 추진하지 못하는 경우가 많다. 그저 윗사람의 기분을 맞추고 '의전'하는 데 에너지를 쏟기 때문이다. 그렇게 일의 초점이 잘못 맞춰져 있으면 당연히 실패한다. 본질을 보지 못하니 회의에서 경영자가 잘못된 의견을 내더라도 더 나은 대안을 만들어낼 생각은 하지 않고 무조건 찬성하고 본다. 이는 허수아비 같은 조직이 되는 지름길이다.

우리는 왜 회의를 하는가? 무엇을 위해 여러 사람이 모여서 이 귀중한 시간을 쓰겠는가? 회의는 일을 하고자 하는 사람들에게 더 넓고 깊게 사고할 수 있는 기회를 주고, 성공의 확률을 높이려는 작업이다. 그만큼 다양한 입장과 시각에서 발언하는 내용들이 중요하다. 상대방을 깎아내리거나 일부러 흠집을 잡는 게 아닌, 발전적 아이디어를 내는 사람이야말로 진정으로 일과 회사를 사랑하는 사람이며, 결국 스스로를 멋지게 성장시키는 사람이다.

많은 직장인들은 '회의'라는 말만 나와도 고개부터 절레절레 흔든다. 한두 시간은 기본이고 하루 종일 걸리는 마라톤 회의도 수시로 해대니 그럴 수밖에. 하지만 유니클로의 회의는 다르다. 길어도 10분이면 끝나기에 앞에서 말했듯, 의자조차 없이 서서 회의를 진행한다. 길어야 30분이다.

유니클로는 왜 이런 방식을 도입했을까? 각자의 시간을 좀 더 효율적으로 사용해 최대의 가치를 만들어내기 위해서다. 타인의 시간을 빌려 쓰는 것이니 알맹이가 있어야 한다. 내가 원하는 것도 얻어야 하지만, 상대방도 유용한 정보를 얻고 활발하게 의견을 개진할 기회를 주어야 한다. '짧고 굵은' 회의를 위해서는 철저한 준비가 필요하다. 회의를 주최하는 사람은 사전에 자료를 배포하고 영상이나 파워포인트 자료 등을 준비한다. 참석자들도 자료를 미리 숙지하고 자신의 의견을 머릿속으로 정리해 참석해야 한다.

유니클로의 회의실에는 노트북, 프로젝터, 원격회의TV 등이 구비되어 있고 벽은 화이트보드로 활용된다. 대부분의 회의실은 투명한 유리로 되어 있어 오가는 사람들도 회의하는 모습을 볼 수 있다. 뿐만 아니라 내용까지도 짐작할 수 있다. 이것은 일에 대한 열정을 자극하고 회사의 역동성을 함께 공유하기 위한 것이다.

또한 유니클로는 커뮤니케이션을 최우선으로 하는 일터 만들기에 중점을 두고 있기 때문에 사무실에서도 종종 회의를 한다. 즉석에서 이루어지는 가벼운 회의를 장려하기 위해 모든 사무실을 회의공간으로 활용할 수 있는 가변적인 구조로 만들었다. 예를 들어 회의실이 위치한 층의 경우는, 구역을 나누어 사용할 수도, 수백 명이 함께 들어갈 수 있는 하나의 공간으로도 사용할 수 있도록 설계했다.

잘되는 조직과 쪼그라드는 조직은 회의하는 모습만 봐도 큰 차이가 난다. 쪼그라드는 조직은 회의할 때 서로 옳다 그르다 편을 가르느라 도끼자루 썩는 줄 모른다. 자기주장만 내세우면서 상대방의 이야기는 귀담아듣지 않기에 실행으로 이어지는 결론을 도출하지 못한다. 상대방의 이야기를 건성건성 들으면 상대방이 전하는 메시지의 핵심과 본질을 결코 이해할 수 없다. 상대방의 이야기를 눈과 귀로 그리고 마음으로도 듣는 회의를 해야 한다.

회의는 '결론을 도출하는 시간'이라는 점을 명심해야 한다. 편을 가르거나 누가 옳고 그른지 심판하는 시간이 아니라 모두가 당면한 문제의 해법을 찾는 시간이다. 상대방의 이야기를 비판만 하다가는 아무런 해법도 도출할 수 없다. 어떤 의견이 나왔을 때 무조건 비난하거나 반대하기보다 살을 붙이고 성숙시키는 방향으로 논의를 이어가야 한다. 그렇게 결론을 내려 재빨리 실행해보고, 만약 문제가 있다면 신속하게 다시 모여 새로운 방법을 찾아야 한다. 다시 말해 한 단계 높은 해법을 찾아나가는 데 회의의 목적이 있다는 것이다.

다시 한 번 강조하지만, 회의란 방법을 찾고 아이디어를 키우는 데 목적이 있다. 지식을 공유하고 서로를 성장시킨다는 의미다.

사람이 성장하지 않는 조직은 결코 성장할 수 없다. 그런 면에서 볼 때 유니클로의 '서서 하는 회의'의 밑바탕에는 상대방을 소중히 여기는 배려의 정신, 서로를 키우고자 하는 육성의 정신이 바탕이 된 것이다.

압축업무, 밀도경영을 문화로 정착시키다

유니클로 직원들이 일하는 공간은 칸막이처럼 가로막는 물리적인 것들을 모조리 들어내 조밀하다 싶을 정도로 인접해 앉는 구조다. 서로 의논하면서 협업하기 좋고, 시간과 절차 등을 최대한 줄여 긴밀하게 일하자는 취지다. 때로 혼자 떨어져 고도의 집중이 필요할 때는 언제든지 동료에게 알리거나 사내망에 표시하고 자리를 옮기면 된다. 회사 내에 이렇게 집중할 수 있는 곳은 많이 준비되어 있다. 그런 장소들을 활용하면 된다. 이런 변화의 포인트는 업무시간에는 밀도를 높여 압축적으로 일해 같이 성과를 높이려는 것이다.

개혁을 하면서 수천 평으로 넓어진 유니클로 본부 곳곳에는 카페테리아, 회의실, 접객실, 자료·도서실, 소파실 등의 여유로운 공간도 많이 만들어졌다. 밀착해 업무를 보던 곳을 벗어나 잠시 혼자 작업을 하기도 하고, 동료들과 자연스럽게 의논을 하거나 상의를 할 수 있다. 업무를 마치고 남는 시간이나 끝난 후에는 동료들과 휴식공산에서 사유롭게 만나 대화를 늘릴 수 있도록 했다.

사무실 한쪽에는 마사지를 받거나 필요할 때는 휴식을 취할 수 있는 공간도 준비되어 있다. 심지어 식당을 겸한 카페테리어에서 금요일 저녁 6시 30분부터는 맥주도 마실 수 있다. 총무부에서는 단 100엔만 받고 맥주와 간단한 안주를 제공한다. 직원들은 자유로운 분위기에서 기분전환도 하면서 활발하게 커뮤니케이션을 즐기는 공간으로 활용한다. 이곳에 노트북을 들고 와 일하는 직원들도 많다. 성공하고 싶은 의욕적인 직원들은 근무시간 이후에도 수시로 모이고 의논하며, 문제와 경험이나 지식정보들을 공유하는 일이 많다. 사내 데이터나 자원들에 대해 논의하면서 일에 어떻게 활용할 수 있는지에 대한 의견이나 아이디어도 나눈다. 각자 경험 사례를 공유할 수 있는 이런 자연스러운 모임들은 여러 현안이나 각자 안고 있는 문제들을 해결하는 데 도움이 된다.

소통이 늘어나면서 관계도 잘 풀리고, 막혔던 일도 잘 트이기 마련이다. 자연스럽게 협업하기 좋은 환경이 되면서 더 나은 성과로 이어지기 때문이다. 평소 업무적 연관성이 없어 마주치지 못했던 타부서 사람들과 이야기를 나누다 보면, 우연하게 값진 정보를 얼기도 한다. 그리고 정례회의 때는 좀처럼 나눌 수 없는 속 깊은 고민들까지도 나눌 수 있어 스트레스 해소의 기회가 되기도 한다.

이렇게 얼굴을 마주할 기회가 많아지다 보니 대화가 부족해서 오는 사고의 단절이나 가치관의 차이, 감각의 차이는 확연히 줄어들었다고 한다. 비공식적 모임과 소통을 통해 식견을 넓히고 새로운 발상의 아이디어를 얻었다는 사람들도 많다. 가벼운 대화 속에서 히트상품의 아이디어나 도무지 풀리지 않던 문제를 해결할 실마리를 얻기도 한다.

휴게실은 다양한 정보가 소통되고 융합되면서 새로운 화학작용으로 창조적인 활동이 이루어지는 시발점이 되었다. 그 결과 팀별혹은 부서별 의사소통이 활발해져 조직 전체의 정보공유가 원활해지는 것으로 연결되었다. 또한 인간관계 문제를 극복할 수 있는훈련의 장이 되기도 하고, 개개인의 다양한 라이프스타일과 새로운 가치관을 학습하는 장이 되기도 했다.

유니클로는 먼저 업무의 밀도를 높이고 개인의 발전에 투자할시간을 확보하자는 취지의 밀도경영을 위해 여러 시도를 했다. 특히 월요일만 빼고 화요일부터 금요일까지는 오후 7시가 되면 자동으로 모든 사무실을 소등하는 운동을 펼쳤다. 오후 7시 무렵이되면 모든 직원의 움직임이 바빠졌다. 인사부가 순회하면서 확인하고 체크했기 때문이다. 사무실의 불이 꺼지는 7시 이후에는 건물 1층에 위치한 접견실만 이용할 수 있게 했다. 개인적으로 자료를 검토하고, 기한 내에 일을 마무리해야 하는 등의 사정이 있는 직원들을 배려하는 차원도 있었다. 접견실은 원래 회사를 방문한 고객을 위해 마련된 곳이지만, 오후 7시 이후에는 다른 부서 직원들과의 아이디어 미팅 등을 할 목적으로도 많이 이용했다.

소등운동과 함께 수년간 압축적으로 일하자는 분위기를 조성했고, 이런 습관을 몸에 익힌 유니클로는 몇 년 전부터 근무시간을 다시 조정했다. 자기계발이나 다양한 시간 활용이 가능하도록 공식 근무시간을 오전 7시부터 오후 4시로 한 것이다. 지금도 가급적 화요일부터 금요일까지는 잔업 없는 날로 권장하고 있다. 잔업을 많이 했다고 보상이 늘어나지 않는다. 실적과 성과를 냈느냐가 중요하다. 언제 어디서든 개인적으로 필요하다고 생각하면 자율적으로 일을 검토하고, 일을 미리 준비할 수 있는 시대가 된 만큼 더욱 그렇다.

부득이하게 잔업이 필요하다면 상사의 허락을 받아야 한다. 근무시간 끝나기 전에 잔업 신청을 하면 몇 시간 더 일할 수 있다. 신청서에는 잔업이 필요한 명확한 이유와 다음부터 잔업을 하지 않도록 어떻게 하겠다는 '개선책'도 함께 작성해야 한다. 참고로 팀이나 부서원의 야근이 많으면 리더의 평가는 내려간다.

근무시간이 지나면 빨리 퇴근하라는 것은 자기계발을 통해 끊임없이 성장하라는 회사의 주문이기도 하다. 비즈니스 정글에서 나 자신을 구할 수 있는 것은 오롯이 나의 실력이지 회사나 상사는 구해줄 수 없다. 그것이 현실이다.

시키지 않아도 늦게까지 일하겠다는데 일할 공간마저 제공하지 않다니, 도저히 이해가 안 된다고 생각할지 모르겠다. 열심히 일하겠다는 의지를 꺾자는 게 아니다. 업무시간에는 집중적으로 일하고, 자기관리와 자기계발을 통해 실력을 제대로 발휘하자는 것이 본래 취지다. 그러니 유니클로라는 조직에서 성공하려면 보이지 않는 곳, 즉 회사가 아닌 다른 곳에서 스스로를 계발하고 열정적으로 학습해야 한다. 스스로의 강점을 더욱 강화시키고 약점을 보완하라는 얘기다. 이는 남보다 두 배로 투자하고 준비해야만 가능한 일이다. 그리고 그것을 가능케 하기 위해서는 일이 좋아야 하고, 직장에서 하는 업무는 일이 아니라 인생 자체라는 자세로 접근해야 한다. 계속 성장하고 즐겁게 일하는 비결은 바로 여기에 있다.

세계적인 기업으로 성장하기 위해 회사는 직원들의 삶의 질을 높이기 위해 노력해야 한다. 그리고 직원들 또한 정해진 근무시간 내에서 밀도경영을 통해 결과로 승리하려는 노력을 해야 한다. 이것은 조직과 개인 모두의 생존을 위한 길이다. 선진 기업으로 갈수록 이런 부분은 점점 더 엄격해질 수밖에 없으며 이것은 시대적인 흐름이다.

동료와 시너지를 내기 위한 기본적인 근무시간을 지키고, 고객과 약속한 영업시간을 지키는 것은 중요하다. 하지만 그 외의 비생산적인 야근이나 초과근무는 모두에게 이롭지 않다. 한두 사람이 남아서 일한다고 사무실 전체를 가동할 필요는 없지 않은가. 얼마나 큰 낭비인가. 중요한 것은, 늘어지게 일하는 것이나 시간만 채우는 가짜 일, 일과 상관없는 공허한 일이나 극히 사적인 일, 남들 시선을 피해서 하는 나쁜 일 같은 낭비를 없애자는 것이다. 모두에게 이롭지 않고 자칫하면 조직 전체를 위기에 빠트릴 수 있다. 남은 일을 하고 싶고 해야 할 때는 같이 모여서 소통할 수 있는 공통공간을 활용하면 된다.

또 다른 한 가지는 뒤에 사례를 들어 자세히 설명할 완전실력주의제도다. 시간을 중심으로 했던 과거의 평가와 보상을 능력, 실력, 실적 중심으로 완전히 바꿔 공정성을 지속적으로 진화시키고 있는 것이다. 그것도 모두가 납득할 수 있는 디테일하고 공정한 수준을 목표로 말이다.

유니클로에도 남들만큼 하면 된다는 사람이 있고, 남들만큼 해서는 비즈니스 정글에서 도저히 살아남을 수 없다고 생각하는 사람들이 있다. 어느 조직이나 그렇다. 앞으로는, 아니 지금은 자신의 의지만 있으면 얼마든지 시간을 투자해 미리 일을 준비하고, 더 나은 성과를 낼 수 있는 시대다. 전 세계가 연결된 망을 통해 장소와 시간 관계없이 각자의 재량으로 일을 준비하고, 성과를 준비할 수 있다는 의미다. 그러므로 회사는 그런 노력을 통해 긍정적인 결과, 좋은 실적까지 냈을 경우에 대해서는 반드시 보상을 해주는 공정하고 선진적인 제도를 구축해야 한다. 그렇게 해야 모든 직원들이 '보이지 않은 노력, 특히 성과에는 반드시 보상이 따른다'는 신뢰감을 가지고 일을 할 수 있게 된다. 그렇게 해야 개인이 성장하고 조직이 도약한다. 개인과 조직이 도태하지 않고 생존할 수 있는 길이다. 유니클로가 평가와 보상제도를 끊임없이 고민하면서 선진화 시키는 이유도 여기에 있다.

3 유니클로는 왜 불황일수록 잘나가는가?

지독한 실패에서도 도약을 위한 에너지를 찾을 수 있다. 계속된 도전으로 단련되면 불황이 올 때 빛을 발하게 되어 있다. 좋은 상품에 대한 소비자의 신뢰는 거짓말을 하지 않는다.

어떤 시대도 실패 없이 발전한 사례는 찾아볼 수 없다. 실패가 두려워 그 어떤 행동도 하지 않고 머물러 있는다면 100년, 200년이 지날지언정 어떠한 변화도 나타나지 않는다. 실패를 반복하면서도 성공할 때까지 포기하지 않았기 때문에 새로운 기술이 탄생할 수 있었고, 눈부신 발전이 이루어진 것이다. 수많은 실패를 경험할 때 비로소 성공을 낳을 수 있다. 이 간단한 사실을 누구나 알면서도 망각하는 것이다.

'구르는 돌에는 이끼가 끼지 않는다'는 말이 있다. 조직이 끊임없이 움직이지 않으면 위기에 봉착한다는 얘기다. 그러니 잘 나갈 때일수록 위기감을 가져야 한다. 평소 위기감을 갖지 않으면, 패배했을 때 그 상황을 극복해내기 어렵다. 반면, 평소에 위기감을 가진 조직이나 사람은 패배하더라도 더 버틸 수 있다는 자신감이 있다. 그만큼 패배의 리스크를 예측하고 미리 준비하면서 관리했기에 결코 치명적인 패배를 당하지 않는다.

지속성장하는 기업들은 작은 성공들을 계속해서 쌓아가는 기업들이다. 그리고 그들의 경영 이면을 보면 모순 같은 이야기지만, 거듭된 실패가 있기 마련이다. 실패에 실패를 이어가면서 한 단계씩 올라간 것이다. 그리고 또다시 실패, 실패, 실패를 하다가 어렵게 성공해 또 한 단계를 오른다. 이런 과정의 연속이 지속성장으로 이어진다.

이미 오래전에 성장한 대기업인데도 불구하고 매출이 제자리걸음인 기업을 간혹 볼 수 있다. 물론 다양한 이유들이 있겠지만, 다른 대기업들과 비교했을 때 해외사업이 미약하거나 아예 진출 자체를 두려워해 시도조차 하지 않은 경우가 많다. "외국에 나가면 우리의 약점과 강점을 알 수 있다."는 야나이 사장의 말처럼 글로벌 시장 진출은 기업의 지속성장을 위한 선택사항이 아닌 필수조건이다.

한때 유니클로는 해외에서 실패를 거듭했던 경험들이 있다. 어쩌면 실패를 경험하면서 이를 디딤돌 삼아 더 큰 성장을 이루고 있는지도 모른다. 유니클로처럼 성공하고 싶다면 실패를 두려워하지 말고 과감하게 글로벌 시장에 나가서 도전하고, 속된말로 깨져봐야 한다. 그리고 깨지더라도 포기하지 말고 기필코 뻗어나가야 한다. 전사적으로 글로벌 감각을 키워 새로운 시장을 개척하지 못한다면 외국기업들이 치고 들어와 국내시장마저 선점하고 말 것이다. 그렇게 된다면 결국 국내에서도 살아남을 수 없다는 사실을 명심해야 한다. 다시 말하지만, 글로벌 시장 진출은 생존을 위한 필수다.

유니클로는 세계를 휘어잡고 있는 유럽을 중심으로 한 선진 기업들의 의류시장에 도전장을 내밀면서 많은 패배를 경험했다. "국내에서 잘하고 있는데 해외까지 갈 필요가 있느냐?"는 소리도 들었다. 그런데도 유니클로는 계속해서 글로벌 진출을 강화하고 있다. 그 이유는 무엇일까? 내가 만나본 유니클로 사람들은 글로벌 시장 개척에 대해 다음과 같은 말을 들려주었다.

"글로벌 시장에서 성공하지 못하면, 앞으로 성공하고 살아남을 수 있는 곳이 없다고 봅니다."

"앞으로 국가 간 무역자유화가 확대되기 때문에 치열한 글로벌 경쟁은 불 보듯 뻔한 일입니다."

"젊은 사람들이 근무하고 싶어 하는 회사는 글로벌 시장에서 뛰고 달리는, 발전 가능성이 있는 회사입니다."

"나는 실패를 많이 해온 경영자입니다. 그렇다고 모험만 즐기는 경영자는 아닙니다. 리스크를 감수한다는 것은 무모함과 다릅니다. 리스크를 측정하고 정확한 준비를 해서 최악의 사태에도 치명적인 실수와 우를 범하지 않는 능력을 갖춰야 합니다. 그런 계산과 리스크 관리 없이 두 번, 세 번 실패했다면 이미 폭삭 망했을 것입니다. 이 정도 실패해도 끄떡없이 일어설 수 있다는 정확한 리스크 계산이 있어야 합니다. 그래야 진정한 리더가 될 수 있고 제대로 평가받을 수 있습니다."

리스크 관리에 대한 야나이 사장의 인터뷰 내용이다. 그는 리스크를 감당할 수 있는 강한 힘을 가진, 벤처정신을 몸에 지닌 리더를 원한다. 그런 사람이 조직의 리더가 되어야 끊임없이 도전해 성장하는 조직으로 만들고, 리스크를 제대로 측정해 치명적인 실수를 범하지 않기 때문이다.

이때 중요한 점은, 어디부터가 치명적인 실수라고 할 수 있는지에 대한 치밀한 분석력이다. 또한 실패했을 경우의 재기 시나리오도 사전에 준비해야 한다. 이처럼 디테일하게 준비한 사람만이 리스크를 관리하면서 새로운 기회를 잡을 수 있다.

대기업들이 덩치를 불리다 어느 순간부터 갑자기 부실해지고 결국에는 청산해야 하는 운명에 처하는 것도 리스크를 제대로 파악하지 못했기 때문이다. 사업의 규모는 커졌는데 수익을 내기는 커녕 오히려 적자만 누적되어 손실액이 늘어난 탓이다. 이는 유니클로처럼 많은 수의 매장을 운영하는 기업에도 해당하는 이야기다. 기존 매장도 관리를 못해 제대로 운영되지 않는데 매장의 숫자만 늘린다면 매출 규모는 커질지 몰라도 결국은 부실한 매장들만 늘어나는 꼴이 된다. 덩치를 뒷받침할 체력이 준비되지 않아 속으로 곪은 형국이다. 전체 조직도 개별적인 수익구조를 점검하지 않으면 부실해지기는 마찬가지다.

아홉 번 실패했더라도 리스크를 측정하고 감수해 열 번째에서 이기기 위해서는 무슨 일이 있어도 결국에는 이기겠다는 목숨을 건 승부가 필수다. 단, 잊지 말아야 할 것은 실패를 계속하더라도 신용은 잃지 않아야 한다는 점이다. 실패한 후로 다시는 새로운 것을 시도하지 않는 사람을 신용할 사람은 아무도 없다. 그리고 이런 사람에게 큰일을 맡길 경영자도 없을 것이다.

1994년 12월, 유니클로는 디자인 기획과 패션 관련 정보수집 기능을 강화하기 위해 미국 뉴욕에 자회사를 설립했다. 가장 저렴한 가격의 캐주얼을 제공하고, 지속적인 품질개선을 통해 최고로 인정받겠다는 의지는 1호점 때부터 변함이 없었다. 그런데 자체 시장조사 결과 '가격은 저렴해서 좋지만, 디자인이나 품질 면에서는 불만이 많다'는 반응이 대다수였다. 이에 유니클로는 전사적으로 위기감을 공유하고 대대적인 개혁을 추진했다.

우선, 품질과 디자인 중에서 먼저 디자인 수준을 개선하겠다는 목표를 세웠다. 1995년부터는 뉴욕에서 얻은 정보력을 중심으로 직접 디자인 기획을 하고 그것을 중국에서 위탁 생산하는 형태로 진행했다. 자체 디자인 상품을 매장에 본격적으로 투입했지만, 이 시도는 보기 좋게 실패했다. 색상이 전체적으로 어둡다보니 고객들의 반응이 냉담했던 것이다. 뉴욕의 디자이너와 일본 담당자 간의 소통 부족이 원인이었다.

이런 문제를 근본적으로 해결하기 위해 1996년 11월에 도쿄 시부야에 도쿄 사무소를 개설했다. '시장이 감동할 수 있는 기획 상품을 빠르게 만들어낼 시스템을 구축한다'는 취지였다. 당시 뉴욕, 도쿄, 오사카, 야마구치 본사 등 네 곳에 분산된 디자인 상품기획 관련 팀을 도쿄 사무소로 통합했다. 뉴욕 사무소는 결국 폐쇄했다. 정보의 교환이나 공유가 어려웠기 때문이다.

매장의 판매 반응에 상품기획과 제조를 연동시켜 현장감 넘치는 상품의 신속한 공급을 실현하겠다는 의지였다. 첫 시도는 고객과 멀어진 생각 탓에 실패했지만, 이 실패는 '현장 중시', '스피드

중시'의 기획개발 시스템으로 집중화하는 계기가 되었다.

1996년 10월, 유니클로는 '반미니'라는 아동복 브랜드 지분의 85%를 사들여 자회사로 편입했다. 그러나 이 브랜드는 이전부터 상표권 관련 문제를 안고 있었고, 인수 뒤 그 문제가 불거졌다. 결국, 인수 8개월 만에 상표권 문제로 인해 매장을 폐쇄하고 청산할 수밖에 없었다. 이 일로 유니클로는 큰 손실을 입었다. 하지만 디자인 경험이 풍부한 유능한 인재들이 남았기 때문에 오히려 결과적으로는 좋은 기회가 되었다.

사업 확대에는 실패했어도 기획에서 제조, 판매까지의 '일체형 경영'을 제대로 경험했다. 이런 경험들은 결국 자체적으로 상품을 개발해낼 수 있는 힘을 기르고, SPA 방식을 선진화할 수 있는 기회가 되었다. 현재 대형 매장에서 인기를 끌고 있는 유니클로의 아동복이나 아동 관련 상품의 토대는 이때 만들어졌다.

1990년대 말 유니클로의 SPA 방식은 본격적인 성과를 내기 시작했다. 그 유명한 플리스 제품이 성공하면서 1999년에서 2001년까지 2년간은 매출이 4배로 증가하는 등 급성장을 경험했다. 세계적인 광고회사와 제휴해 독창적인 광고를 통해 핵심 상품을 중심으로 한 명확한 메시지를 보여주면서 브랜드 파워도 급성장했다.

이런 분위기에서 할 수 있다는 자신감도 붙었다. 이런 여세를 몰아 유니클로는 글로벌 시장으로 눈을 돌렸다. 그들은 첫 타겟으로 영국을 선택했다. 영국은 일본과 친숙한 부분이 많고 국민성도 비슷하다고 판단했기 때문이다. 일본 자동차가 영국에서 어느 정도 인기를 얻고 있다는 점도 작용했다.

현지 상황을 파악하고 영국 진출을 탐색하기 위해 2000년 6월 영국 현지법인을 설립했다. 영국 근무를 지원한 사람들은 영어를 제대로 할 줄 알거나 해외 경험이 풍부한 사람은 아니었다. 어떤 사람은 영업을 했던 경험을 토대로 도전장을 냈다. 유니클로의 문화대로 '내가 하겠다'고 자진해서 손을 들고 나선 사람들을 중심으로 선발했다.

2001년 9월 문을 연 1호점을 시작으로 런던 시내 4곳의 매장을 거의 동시에 오픈했다. 2~3년 내 50개 매장 오픈을 목표로 삼았다. 단기간에 21개까지 확대했지만, 생각만큼 매출이 늘지 않았다. 이에 따라 대대적인 전략 수정 작업에 들어갔고, 매장을 빠르게 늘리는 것에서 개별 매장의 수익을 확보하는 것으로 전략을 바꿨다. 그 결과로 2003년 3월에는 런던 시내 5개 매장을 제외한 나머지를 동시에 폐쇄했다. 당시 손실액은 30억 엔 정도였다.

유니클로는 영국에서의 경험은 실패로 끝난 것이 아니라, 해외에서 사업할 때의 절차를 배웠다고 말한다. 이를 바탕으로 무조건 매장수를 늘리는 것보다 수익성을 확보하면서 점진적으로 확대하는 것이 바람직하다는 결론에 이르렀다. 또한 여성복 분야가 약하다는 것을 절실히 느끼고 디자인을 강화했다. 글로벌 전략을 다시 짠 것이다. 'Think Global, Act Local', 즉 글로벌 인식으로 의식과 생각을 키우고, 해당 국가나 지역의 로컬감각을 키워 현지에서 반드시 비즈니스를 성공시킬 수 있는 체질로 만들자는 것이다.

모든 사업은 목표를 갖고 시작하기 마련이다. 그런데 그 목표의 전제조건은 고객을 창출하고 매출을 올려 이익을 내는 것이다. 그래야 사업을 지속할 수 있기 때문이다. 런던 진출 초기의 실패를 교훈 삼아 해외에 진출할 때는 먼저 일반적인 규모로 개점해 영업하면서 다각적인 검토를 하고 있다. 이익을 낼 수 있는 운영전략이 정해지면 마케팅 효과를 극대화하기 위해 초대형 매장을 점진적으로 늘려간다. 단일 브랜드로는 세계적인 규모들이다. 일본 내에서 수십 년간 육성해온 유능한 매장 경영자와 매장 경영과 관련해 차곡차곡 쌓여온 노하우가 이를 가능하게 했다.

2006년 11월, 전 세계 유명 브랜드가 모이는 뉴욕 소호 지구에 3,300m² 규모로 초대형 유니클로 매장을 오픈했다. 당시 뉴욕에서는 두 번째 크기의 소매점이었다. 이를 통해 세계적인 브랜드로 발돋움하겠다는 의지를 보여준 것이다. 뉴욕 매장은 '미적 감각이 있는 초합리성 추구'라는 컨셉으로 설정했다. 이를 위해 세계적인 크리에이티브디렉터, 인테리어디자이너, 아트디렉터, 인터페이스디자이너, 음악프로듀서 등 전문가 그룹을 모았다. 글로벌 함선을 구축한 것이다.

그해 12월 중국 상하이와 2007년 11월 런던 옥스포드 거리에도 2,300m² 규모의 매장을 오픈했고, 2009년 10월에는 프랑스 파리에 약 2,000m² 규모의 매장을 오픈했다. 과거의 실패를 디딤돌 삼아 뉴욕과 런던, 파리에 대형 매장을 개장해 거점을 강화하면서 글로벌 브랜드를 구축했다.

실패해도 좋다, 단 정교하게 계산된 실패를 하라

유니클로는 1997년에 '스포클로SPOCLO'와 '패미클로FAMICLO'라는 새로운 브랜드를 만들었고, 그해 10월에 각각 9개 매장의 문을 열었다. 스포클로는 이름에서 느껴지듯 '스포츠형 캐주얼 매장'에 초점을 맞췄다. 10대에서 30대까지 남성을 주 고객으로, 트레이닝복 등 관련 의류와 신발류를 취급했다. 패미클로는 20대에서 30대 엄마들을 중심으로 한 여성복과 아동복도 판매하는 '패밀리 매장'으로 컨셉을 잡았다.

이 두 브랜드는 유니클로의 성공 경험을 살려 공격적으로 움직였다. 스포클로는 17개, 패미클로는 18개까지 매장을 늘렸다. 그러나 불과 1년 만에 일부 매장은 폐쇄했고, 일부는 유니클로 브랜드로 전환했다. 이유는 충분한 수익이 나지 않았기 때문이다. 패미클로의 경우 컨셉처럼 온 가족이 원하는 제품을 손쉽게 구매할 수 있어야 했는데, 상품 구색이 제대로 갖춰지지 못했다. 급기야 유니클로에 공급할 상품 중 일부를 패미클로에 공급했지만, 정작 수요가 있던 유니클로 매장에서는 판매하지 못하는 상황이 되어버렸다.

결국 스포클로와 패미클로 모두 유니클로와의 차별화에 실패했다. 어중간한 상품 구색으로 고객의 만족도를 끌어올리지 못한 것이 실패의 가장 큰 원인이었다. 사업 다각화를 모색했지만 다시 유니클로에 집중하는 것으로 전략을 선회했다.

지금 세계적인 히트상품으로 명성을 얻고 있는 히트텍HeatTech이나 에어리즘AIRism같은 상품도 사실 앞서 언급한 '반미니' 같은 아동복 경험이나 '스포클로'의 실패 경험이 크고 작은 도움을 줬다. 예를 들어 아이들은 많이 움직이며 놀기 때문에 아이들 활동복이나 체육복은 땀을 빨리 흡수하고 발산해야 한다. 이미 이때부터 그런 고민을 시작했고, 섬유분야 첨단기술을 가진 도레이Toray와 협업하면서 현실적으로 가능해졌다. 그리고 그 결실을 성인복으로 확장시킨 것이다. 실패를 해도 실패에서 얻는 경험은 반드시 다음 단계로 살리겠다는 정신이 그래서 중요하다.

어떤 조직도 미래에도 생존하려면 반드시 새로운 먹거리가 필요하다. 그 작업을 지속하지 못하면 매출이 줄고, 시장 점유율이 떨어지고, 적자를 내게 되고, 구조조정을 해야 하고, 결국에는 도산한다. 이런 먹거리를 만드는 신기술과 신상품 개발, 시장개척 등에는 필연적으로 희생이 따른다. 투자한 돈을 날릴 수 있고, 일을 맡은 사람들은 과로에 지치고 자칫 여러모로 상처를 받을 수도 있다. 그러나 그런 희생을 감수하면서도 새로운 도전에 나서야 하는 것은 모두의 미래를 위해서다. 그런 위험들이 따르는 황무지 개척 작업에 누군가는 나서야 한다. 그런 도전에 앞장서려는 인재가 없는 조직이라면 미래는 장담할 수 없다. 하지만 크게 다칠 수도 있는 이런 일에 누가 나설 것인가?

소개할 유노키 오사무는 누군가는 나서야 하는 이 험난한 황무지 개척사업에 가장 앞에 총대를 메고 나선 사람이다.

유니클로는 초기부터 임직원들의 자발적인 제안으로 뭐든지 시도할 수 있는 제도를 운영하고 있다. 2001년, 유니클로가 사업다각화를 고민하던 어느 날 임원회의 때 집행임원인 유노키가 채소사업을 제안했다. 채소나 과일은 생산이나 유통구조에서 아직 선진화가 덜 되어 있어 이를 개선하면 충분히 승산이 있다고 생각했기 때문이다. 그리고 그의 본가에서도 채소가게를 하고 있었기에 책임지고 잘할 자신이 있었다. 벌겋게 달아오른 쇳덩이처럼 그는 적극적이었고 도전적으로 끓어오르고 있었다.

결국 야나이 사장은 의견을 받아들여 '한번 해봐라'며 OK 사인을 냈다. 먼저 2001년 9월부터 11월까지 화학비료 사용을 최소화해 건강한 채소를 재배하는 방식인 나가타농법을 사용하고 있는 전국 농가를 찾아가 현지조사를 실시했다. 2002년 1월 미디어에 신사업 추진을 발표하고 9월에는 자회사인 에프알푸드를 설립해 유노키가 대표이사에 취임했다. 그해 11월부터 '건강에 좋은 채소, 믿을 수 있는 채소'를 컨셉으로 인터넷을 통한 판매와 회원 모집을 시작했다.

사실 이 사업은 처음부터 회사 안팎에서 찬반 의견이 갈렸다. 반대하는 임원들을 보면서 유노키는 '왜 그렇게 소극적인가, 아직도 월급쟁이 근성에서 벗어나지 못해서 그런 거 아닌가'라고 묻고 싶었다고 했다. 매스컴에서도 '유니클로라면 성공할 수 있다'거나 '유니클로다운 발상'과 같이 긍정적인 평가와 함께, '무슨 채소 사업이냐'며 비아냥거리는 의견도 있었다. 하지만 '믿을 수 있는 기업'이라는 이미지를 가지고 있던 유니클로였기에 초기 실적만 본다면 대성공이었다. 인터넷 회원도 1만 명을 넘겼고, 6개 매장을 오픈했다.

역시 유니클로답게 순조로운 시작이었다. 하지만 너무 비싼 가격이 발목을 잡았다. 당시 토마토 2개에 5~600엔, 양파 1kg에 700엔, 우유 1L에 450엔 등 시중의 일반 상품들과 비교했을 때 많게는 2배까지 비쌌기 때문이다. 게다가 팔고 남은 채소는 그 특성상 상하기 때문에 폐기처분하다보니 손해가 커졌다. 이 사업에서는 그간 유니클로에서 쌓아온 노하우를 전혀 활용하지 못했다. 그리고 상품 공급도 제대로 되지 않았다. 결국 2004년 6월에 채소 사업을 접게 되었다. 최종 손실액은 28억 엔 정도였다.

새로이 사업을 시작하는 것은 어렵지 않다. 하지만 중요한 것은 지속적으로 고객을 창출하면서 '확대·재생산'이 가능하냐는 점이다. 유니클로는 이 실패를 통해 '신규사업은 돈만 있으면 누구나 할 수 있지만, 중요한 것은 '확대·재생산이 가능한 수익성 확보'라는 교훈을 얻을 수 있었다.

위기가 닥치면 진정한 실력이 드러난다

불친절한 전화응대, 늘 한발 늦는 업무지원, 형식적인 교육 프로그램, 시도는 하지 않고 평가만 하는 분위기, 해결책도 없이 안 되는 이유만 말하는 회의, 문제만 지적하는 워크숍, 지시만 있고 실행할 사람은 없는 조직, 지켜지지 않는 시간약속, 사전준비 없는 행사, 실력은 키우지 않고 알아주기만 바라는 직원들….

암담하기 그지없다. 하지만 우리가 몸담고 있는 대부분의 조직에서 볼 수 있는 낯익은 모습 아니던가. 고쳐야 한다고 늘 생각하지만 쉽사리 개선되지 않는 것들이기도 하다. 이런 패배주의적인 방식으로는 만년 레드오션에서 허우적댈 수밖에 없다. 블루오션에 뛰어들었다 해도 이런 모습으로는 금세 레드오션을 경험할 것이다.

야나이 사장은 이런 조직을 '죽은 조직'이라 정의한다. 그는 모두가 '사양산업'이라 말하던 분야에 뛰어들어 레드오션을 거꾸로 블루오션으로 탈바꿈시켰다. 야나이 사장은 늘 이렇게 말한다.

"레드오션이란 없다고 생각합니다. 일하고 싶은 조직을 만들어 품질과 서비스를 월등하게 높일 수만 있다면 블루오션은 얼마든지 열립니다."

진정한 강자들은 불황이 왔을 때 제 실력을 발휘한다. 그래서 호황일 때보다 불황일 때 업계의 순위가 바뀌는 경우가 많다. 위기 상황일 때 진정한 실력의 차이가 드러나기 때문이다.

유니클로의 최고집행임원을 지낸 오토마 나오키는 한 인터뷰에서 이렇게 말한 바 있다.

"유니클로 임직원이라면 고객에게 우리 상품을 구입해야 할 이유를 명확히 전달할 수 있어야 합니다. 불황이라는 변명을 경계해야 합니다."

유니클로는 일본의 '잃어버린 20년' 속에서도 성장했고, 글로벌 금융위기로 시작된 세계적인 불황에도 어김없이 성장했다. 이를 통해 '불황이 오면 유니클로는 난다'는 말이 생길 정도다.

경기침체가 계속되면 소비자들은 지갑을 닫고 모든 소비를 줄이기 마련이다. 무늬만 화려한 매장에는 눈길도 주지 않는다. 호황일 때의 소비모드와는 전혀 다른 절약모드로 바뀐다. 고객은 날카롭고 차가운 눈초리로 가격표를 응시하며 웬만해서는 '충동구매'에 흔들리지 않는다. 인정사정없이 가격 대비 그만한 가치가 있는지 엄격한 잣대를 들이대며 고민한다. 꼭 필요한 물건이라도 가격표부터 먼저 본다는 말이다.

유니클로는 가격파괴 브랜드로 탄생했고, 사람들에게는 지금도 그런 이미지로 인식되고 있다. 그렇지만 단지 싼 것만이 아니라 장인의 손으로 만들어낸다는 자부심을 가지고 있다. 장인이 만드니 갈수록 품질이 좋아질 수밖에 없다.

옷이나 가전제품, 혹은 소프트웨어 등 세상에서 팔리는 상품들에 대해 가장 잘 아는 사람은 누구일까? 그 상품을 만든 사람이라고 생각하는가? 틀렸다고 말할 수는 없지만, 질문의 숨은 의미를 산파해내시는 못하는 답이다.

생산라인에서 두 눈 부릅뜨고 검품하는 사람보다 훨씬 더 엄격한 눈을 가진 이가 있다. 정답은 '그 상품을 사용해본 사람'이다. 고객의 눈은 그 누구보다 엄격하고 무서운 것이다.

옷도 직접 입어본 사람이 그 옷에 대해는 옷을 만든 사람보다 잘 안다. 귀한 내 돈을 내고 구입해서 입은 사람이야말로 장점과 단점을 엄격하게 체크하게 마련이다. 고객에게 다가가 바로 옆에서 귀를 세우고 모든 감각기관을 동원해 그들의 반응을 읽어내야 하는 이유가 바로 이것이다.

유니클로는 고객에 대해 이렇게 정의한다.

"업계는 과거이고, 고객은 미래다. 경쟁업체가 아니라 고객에게 집중해야 한다. 최고로 중요한 것, 가장 많은 것들을 가르쳐주는 곳은 고객이다."

소비자들은 매년 업그레이드되는 상품을 보면서 유니클로를 '손해 보지 않는 상품을 구매할 수 있는 곳'으로 인식하고 있을지도 모른다. 그렇게 본다면 유니클로의 성장은 진정한 강자가 누릴 수 있는 당연한 결과일 것이다. 소비자의 신뢰는 거짓말을 하지 않는다. 그런 유니클로의 자부심과 생각이 설득력을 얻고 있는 것이다.

패션업계의 한 관계자는 유니클로의 월등한 경쟁력에 대해 한 패션 잡지와의 인터뷰에서 이렇게 평가했다.

"유니클로가 판매하는 3,990엔짜리 청바지를 다른 유명 브랜드가 같은 소재, 같은 품질, 같은 형태로 만들었다면 적어도 8,000엔은 넘게 받았을 겁니다. 거기에다 유니클로가 보여준 판매능력까지 감안하면 최소 1만 2,000엔 이상의 가격이 될 것입니다."

이 이야기는 '남들이 성공하니까 나도 똑같이 하면 그처럼 성공하겠지'라고 덤벼드는 사람들에게 교훈을 준다. 똑같은 것 같지만 그 이면에는 철저하고 빈틈없는 시스템이 작동하고 있다는 사실을 읽어야 한다.

우선 최고의 상품을 만들어라, 마케팅은 그다음이다

타임스 스퀘어는 뉴욕의 번화가이자 중심이다. 또한 세계의 이목이 집중되는 곳으로, 전 세계 유수의 기업이 경쟁적으로 진행하는 광고물과 전 세계에서 찾아온 관광객들로 북적인다. 2008년 겨울, 유니클로는 그곳에서 히트텍맨이 땀을 흘리며 히트텍을 무료로 나눠주는 '유니클로 히트텍 글로벌 기프팅 이벤트'를 벌였다. 이 행사는 뉴욕뿐만 아니라 서울, 런던, 파리, 베이징에서도 열렸다. 히트텍을 세계적인 전략상품으로 삼았기 때문이다.

뉴욕을 비롯한 전 세계적인 대규모 마케팅 행사에 대해 '우리의 목적은 팬을 많이 만드는 것'이라고 강조했다. 기대했던 효과는 바로 나타났다. 히트텍을 무료로 받은 고객들은 다른 상품도 구입하기 위해 길게 줄을 섰다.

"일본의 섬유기술은 세계 최고 수준입니다. 기술은 가지고 있지만 그것을 상품화하거나 대량으로 판매하는 것에는 약합니다. 소위 '마케팅 기술'이 없습니다. 어디까지나 제조업체에 머물러 있습니다. 그것을 탈피해야 합니다."

야나이 사장의 이 말은 도레이라는 파트너를 만나게 되어 이제는 세계적인 상품을 만들 수 있는 회사가 됐다는 자신감의 표현이기도 하다. 그는 일찍부터 상품력에서 오는 마케팅의 힘을 이해하고 있었다. 그렇다고 소위 진한 화장발이나 잔뜩 멋을 낸 마케팅을 하라는 말이 아니다. 그렇게 하면 반짝 하고 끝나버린다. 주변에 있는 최고의 자원을 치열하게 활용해 자긍심이 느껴지는 최고의 상품을 먼저 만든 뒤, 제대로 알리고 제대로 팔아야 한다는 의미다. 사실 유니클로 히트텍의 최대의 마케팅 효과는 바로 상품력이었다. 그 상품력은 유니클로만의 자원이 아니었다. 세계 최고의 섬유기술을 가진 도레이에서 온 것이다. 플리스와 그 성공을 또다시 뛰어넘은 히트텍은 단순히 돈을 풀어 해결하는 마케팅이 아니라 주변의 소재기술을 활용한 상품력이 바탕에 있었다. 고객에게 믿음을 주는 상품력이 없다면 마케팅은 결코 오래가지 못하고, 긴 호흡으로 팬을 만들 수 없다.

유니클로는 독창성과 브랜드 파워를 끌어올리기 위해 전 세계적인 판매전략을 펼치고 있다. 이를 위해 일본 최고의 그래픽 디자이너 중 한 사람이자 크리에이티브 디렉터인 사토 가시와와 수년 간 협업했다. 그는 뉴욕 거리에 과감하게 일본어로 된 유니클로 로고를 선보여 세계인의 눈길을 사로잡았다. 매장의 전체적인 컨셉을 결정하는 인테리어는 전 세계적으로 명성이 자자한 일본의 건축 스튜디오 원더월의 가타야마 마사미치에게 맡겼다. 가타야마는 서양인들이 매우 좋아하는 디자이너다.

세계화를 위한 과감하고 적극적인 협업마케팅이 히트텍의 신화를 만들어냈다. 그것은 '전사전원경영'을 통한 '글로벌 No. 1'이라는 명확한 목표를 가진 그들의 열정이 만들어낸 결과물이라 하겠다. 2009년 11월 초 유니클로는 일본, 한국, 중국, 미국, 프랑스, 영국 등에서 히트텍 상품을 5,000만 장 팔겠다는 '히트텍 글로벌 전략'을 발표했다. 그동안 유니클로가 걸어온 길을 되짚어보면 '과연 가능할까'라는 의구심을 보이기는 쉽지 않을 것이다.

실패를 두려워하지 않았고, 기꺼이 그 실패를 받아들이면서 거기서 한 단계 더 성장해온 도전정신으로 히트텍 글로벌 전략을 결국 달성했다. 플리스의 판매량을 뛰어넘은 히트텍은 전 세계에서 2009년 5,000만장, 2010년 8,000만장을 기록한데 이어 2011년 연간 1억장 판매를 달성했다. 이후 연간 3억장을 목표로 할 정도로 폭발적으로 시장을 키웠다.

4 몰입과 집중은 결국 절실함에서 나온다

진부함을 경계하며 끊임없이 변화를 꿈꾼다. 늘 새로운 것에 목말라 하며 될 때까지 도전해 방법을 찾는다. 글로벌 No.1을 향한 유니클로의 절실함. 이것이 그들을 움직이게 한다.

2004년 9월, 유니클로는 쇼킹한 선언을 했다.

"유니클로, 저가 판매 그만하겠습니다!"

유니클로는 그동안 '싸고 좋은 물건'을 현실화해 많은 고객들에게 사랑을 받아왔고 전문가들에게도 좋은 평을 들었다. 그리고 SPA 방식을 통해 독창적인 브랜드를 구축했다. 유니클로의 선언은 단순히 가격을 올리겠다는 이야기가 아니었다. 품질을 올리고, 브랜드 파워를 높이고, 최고의 사원을 육성하며, 일하는 조직으로 시스템을 구축하겠다는 결심이었다. 또한 저렴하다고 해서 싸구려가 아닌, 세계 최고의 명품을 보여주겠다는 도전장이었다. 그리고 능력을 더 키워 가격의 몇 배에 달하는 가치를 제공해 '유니클로 = 싸구려 브랜드'라는 생각을 완전히 불식시키고 회사의 비전을 제대로 전달하겠다는 의지 표명이었다. 한편으론 브랜드 이미지를 바꾸기 위한 전략적인 마케팅이었다. 그것은 유니클로 사람들의 실력을 팔겠다는 것이었다.

유니클로 사람들은 균형 잡힌 가격과 품질을 실현하고 있는 세계적인 브랜드로 만들고 있다고 자부한다. 그리고 이런 좋은 가격과 품질을 어느 곳보다 치열하게 추구하는 게 진정한 유니클로라고 생각한다. 그리고 '싼 것치고는 물건이 좋다'는 고객들의 인식을 바꾸기 위해 소재개발과 품질개선을 통해 플리스나 히트텍, 에어리즘, 울트라 라이트 다운처럼 유니클로만 만들어낼 수 있는 옷들을 탄생시켰다.

그런데도 여전히 유니클로는 끊임없이 변화를 꿈꾸고 새로운 것에 목말라한다. 그리고 고객이 기대하게 만든다. 고객의 기대를 저버리지 않고 진부하게 되는 것을 경계하며 기대에 부응해 새로운 히트상품을 낳는 것이 유니클로의 성장 동력이다. '상대적'으로 좋은 것에서 '절대적'으로 좋은 글로벌 No.1 브랜드로 가겠다는 의지이다.

"의류는 갑자기 날개 돋친 듯 팔리기도 합니다. 그 덕분에 회사가 급성장할 수도 있습니다. 그러나 유행은 사라지고 고객이 차갑

게 등을 돌려 더 이상 팔리지 않게 되는 순간도 그만큼 빨리 오게 됩니다. 과거에는 상상할 수 없던 판매량을 기록하며 명성을 날렸던 플리스도 지금은 예전처럼 팔리지 않습니다. 공전의 히트상품인 히트텍도 언젠가는 그렇게 될 것입니다. 그래서 우리는 항상 새로운 것을 만들어내야 합니다."

고통도 화려함도 언젠가는 모두 '다 지나간다'는 교훈을 새겨야 한다고 강조하며 야나이 사장이 어느 인터뷰에서 했던 말이다. 새로운 도전자에게 자리를 내주지 않으려면 항상 긴장해야 한다는 얘기다. 그래서 늘 도전하고 돌파구를 찾는다.

"왜 우리 옷을 사지 않는 것일까?"

"다음에 또 구매할 수 있게 하기 위해서는 어떻게 해야 할까?"

"요즘 고객들은 어떤 일에 푹 빠져 있을까?"

"어떤 옷에 어떤 가치를 덧입혀 제공하면 다른 데 쓸 돈을 우리 옷을 사는 데 투자할까?"

야나이 사장과 유니클로의 구성원들은 늘 이런 고민을 하며 일한다. 그들은 고객들이 주고받는 이야기에 귀를 기울이면서 답을 찾는다. 고객들은 예상지 못한 수많은 힌트와 아이디어를 준다. 항상 고객의 소리에 귀를 기울이고 계속해서 생각하라. 그리고 보이지 않는 고객, 잠재고객들을 발굴하는 일을 게을리 하지 말아야 한다. 지금 고객이 아닌 사람들은 진정 무엇을 바라는지를 알아내고 그 수요를 발굴해내는 것이야말로 기업의 존재이유다. 따라서 늘 다음과 같은 질문들을 던지고, 계속 점검할 필요가 있다.

"우리가 하는 일이 정말 고객을 창조하는 일인가?

"밖에 있는 황금어장 같은 기회를 모르고 그냥 지나치고 있지는 않은가?"

"그냥 주어진 일을 하는 것으로 끝나고 있는 것은 아닌가?"

"아무 생각 없이 단순작업을 하면서 핵심을 놓치고 있는 것은 아닌가?"

애써 팔지 않아도 지갑이 저절로 열리게

야나이 사장은 '비즈니스란 이론만으로, 또는 계획한 대로 진척되는 일은 절대 없다'는 생각으로 접근한다. 그래서 '1승 9패의 도전정신'으로 실패를 실패로 끝내지 않고 반드시 승리하는 '승리에 대한 집념'을 강조한다. 그 역시 유니클로 브랜드를 구축하기 이전에도 여성복, 고급 남성복, 햄버거 가게, 카페 등을 시도했다가 쓰디쓴 실패를 맛본 경험이 있다.

야나이 사장은 고객들이 무엇을 원하고 있는지를 잘 안다. 그는 '저렴하면서도 고품질의 제품'이라는 모순된 요구를 풀어나가는 것이야말로 진정한 경영이라고 생각했다. 이에 대한 그의 말을 들어보자.

"다른 사람들과 똑같은 일이나 사회에 영향을 주지 못하는 일은 아무리 많이 한들 무슨 소용이 있겠습니까. 정말 훌륭한 기업이 하는 일들은 어떤 의미에서 보면 사회운동에 가까운 활동이 아닐까요? 진척은 더딜지 몰라도 항상 적극적으로 밖을 바라보며 고객의 요구에 응하겠다는 근본을 잊지 않으면 자연스럽게 사회에 대한 기업의 사명이 성숙된다고 생각합니다."

부친에게서 물려받은 지방의 작은 양복점을 운영하던 야나이 사장은 어떻게 이런 생각까지 하게 되었을까. 그는 사업을 시작하기 전에도 매년 1회 정도 해외여행을 다녔다. 그때마다 상점가와 대학을 순회했다. 미국 대학의 매장을 보니 도서와 필기구뿐만 아니라 의류도 함께 판매하고 있었다. 학생들은 이 책 저 책을 보다가 눈에 띄는 옷이 있으면 마치 잡지를 사듯 가볍게 구입하는 것을 보고는 '이거다!'라는 영감을 얻었다. 진열방식과 소비동선도 관찰하면서 효과적인 디스플레이도 연구했다. 그는 그때부터 '소비자에게 가치 있는 상품을 가장 저렴한 가격으로 제공할 수 있는 기업'을 목표로 해야 한다는 생각을 품게 되었다.

1984년 6월 2일, '유니크 클로딩 웨어하우스'가 히로시마에 문을 열었다. 이름처럼 '독특한 옷들로 가득한 창고형 매장'이라는 컨셉을 지닌 캐주얼 전문점이었다. 바로, 오늘날 '유니클로'의 원형이다. 그래서 이곳을 유니클로 1호점이라고 본다.

지금은 브랜드 파워가 있기에 중심지에 위치한 매장이 많지만, 1호점을 열었던 당시에는 1급 상권에서 조금 벗어난 곳이 오히려 더 합리적이라는 생각을 가졌다. 그래서 중심 상권도로에서 조금 벗어난 뒷길로 선택했다. 개점하기 일주일 전부터 역 앞과 상점가에 전단지를 배포하고, 라디오와 지역 TV에 광고까지 내면서 대대적으로 홍보를 했다. 당시로서는 파격적으로 개장 시간을 새벽 6시로 잡았다. 일반인을 대상으로 하는 옷가게가 새벽 6시에 문을 열다니! 상식을 뒤집는 발상이었다.

당시에는 캐주얼 시장의 규모가 그다지 크지 않은 상황이었다. 보다 많은 젊은 층 고객을 매장으로 끌어들이기 위해 오픈 시간을 앞당겨 잡은 것이다. 대부분의 의류 매장은 오전 10시 즈음에 오픈했다. 하지만 그 시간이 되면 주 고객층인 학생들은 학교에 가고 없었다. 그래서 등교하기 전에 매장에 먼저 들를 수 있도록 치밀하게 계산했던 것이다.

혹시라도 사람들이 한꺼번에 몰리면 주변이 혼잡해져 인근 상가에 피해가 될 수 있었다. 이를 막고자 배려한 것이 두 번째 이유였다. 그런데 개장 당일은 하루 종일 매장 안팎이 사람들로 가득해 입장권을 발부해 순서대로 입장시켜야만 했다. 쇼핑을 끝마치고 매장에서 빠져나가는 인원을 확인하며 제한적으로 입장을 허가하는 중에도 끼어들기로 몸살을 앓았다고 한다. 새벽부터 젊은 학생들이 구름처럼 밀려와 이후 며칠간은 입장을 제한해야 할 정도가 되었다. 줄을 서서 기다리는 사람들을 위해 '식사 대신 드시라'며 빵과 우유를 나눠주기까지 했다. 야나이 사장은 당시 상황을 회상하며 이렇게 표현했다.

"행렬이 계속 늘어났고, 그 군중들의 규모로 공포감까지 느꼈습니다."

이런 놀라운 현상이 나타난 이유는 옷을 입어야 할 사람을 정해놓고 시작한 것이 아니라, '소화해낼 수 있다면 누구나 입을 수 있는 옷'이라는 컨셉 덕분이었다. 이러한 전략과 창고형 매장 컨셉으로 어필하면서 중·고등학생과 주부, 심지어 연세 지긋한 남성까지 폭넓은 고객이 찾아왔다. 캐주얼의 가능성을 보여준 시작이었다. 당시로서는 가격파괴인 1,000~1,900엔이라는 저렴한 가격도 고객을 끌어들인 요소였다.

1호점의 폭발적인 반응을 보면서 야나이 사장은 자신의 생각이 틀리지 않았다는 확신을 얻었다. 물론 이후 다른 매장에서도 이런 현상은 계속됐지만, 1호점의 성공은 유니클로 임직원들에게 엄청난 자신감과 영감을 가져다줬다.

가격과 품질을 모두 잡기 위한 2가지 원칙

대개 사람들은 두 가지 스타일의 브랜드가 있다고 생각한다. '비싸고 좋은 브랜드' 그리고 '싸고 그저 그런 브랜드'다. 다른 표현으로 말하면 전자는 '썩어도 준치'라는 표현처럼 오랫동안 그 가치를 유지하는 물건이고, 후자는 '싼 게 비지떡'이라는 말이 나올 만큼 제값을 못하는 물건이다.

유니클로 급성장의 비결은 소비자의 만족도를 높여 구매력과 충성도를 높였기 때문이다. 이를 위해 가격과 품질을 동시에 만족시켜야 한다는 것은 상식이다. 하지만 현실에서는 가격과 품질 사이에 발생하는 모순이 있다. 가격이 저렴하면 품질이 떨어지고, 품질이 좋으면 가격이 높아진다는 것이 그것이다. 하지만 유니클로는 이 모순과 상식을 깼다. 최고의 품질로 만든 상품을 최저의 가격으로 제공하겠다는 방향을 분명히 한 것이다.

고객이 '싼 것 치고 좋은 것 없다'고 인식하기 시작하면 그것으로 끝이다. 생산자 입장에서도 마찬가지다. 이 가격으로는 더 이상 품질을 올릴 수 없다고 생각하면 발전은 물론이고 존재할 수 있는 힘마저 사라진다. 같은 가격으로도 더 좋은 소재를 이용해 더 나은 품질로 생산할 수 있다고 생각하기 때문에 발전할 수 있는 것이다. 그런 상품이 새롭게 시장을 지배한다.

유니클로 사람들은 나와의 인터뷰에서 하나같이 '꿈과 낭만을 줄 수 없는 그런 싸구려는 취급하지 않는다'고 입을 모았다. 이 말은 1998년 도쿄 하라주쿠점 개점 때부터 내세운 유니클로의 컨셉이기도 하다. 유니클로는 '싸고 좋은 것은 결코 불가능한 게 아니다'는 점을 잘 보여주었다. 다른 기업은 그 방법을 찾기 위해 필사적으로 노력하고 철저하게 실행하지 않았기 때문에 불가능했던 것이다. 좋은 상품을 저렴하게 팔기 위해서는 치밀하게 세운 계획을 철저히 실행할 수 있는 의지와 실행의 완성도, 상품의 완벽한 품질이 뒷받침되어야 한다. 이를 위해 유니클로는 다음 2가지 원칙을 견지한다.

고객을 진심으로 대한다

저렴한 가격으로도 할 수 있는 모든 정성을 들여 최고의 옷을 만들어내는 것이 유니클로의 책임경영이고, 품질을 최상으로 높이는 작업은 고객을 존경하고 존중하는 마음의 표현이다.

유니클로는 이런 원칙을 바탕으로 '저렴하고 좋은 옷'을 만들기 위해 기획 단계부터 생산과 물류, 판매까지 모든 과정을 직접 관리한다. 총괄적인 관리를 통해 효율성을 높이면서 낭비를 제거하고, 입을 사람 입장에서 가격과 품질 모두 완벽하게 만족할 수 있는 옷을 추구한다.

찾아주고 애용해준 고객을 대할 때 존경하고 존중하는 마음을 가지지 않고서는 전달하려는 것이 제대로 전해지지 않는다. 좋은 제품을 만들겠다는 의지 또한 약해진다. 도쿄의 대형매장 점장을 지낸 도야마는 다음과 같이 말한다.

"상품도 물론 중요하지만, 고객들이 기업의 자세나 일하는 사람들의 자세를 보고 사고 싶은 마음이 들도록 감동을 전하겠다는 자세로 임해야 합니다. 그래서 각 점장들이 사람을 채용할 때 그 사람의 인간성과 일을 대하는 태도부터 봅니다."

단 1초도 소중히 여긴다

변하는 계절에 맞춰, 고객의 욕구에 맞춰 재빨리 대응하는 능력을 키운다는 의미다. 일반적인 기업들이 하는 방법으로는 고객을 만족시키기 힘들다고 생각한 유니클로는 자신들만의 새로운 방법을 찾아 나섰다. 한 직원의 말을 들어보자.

"처음 입사했을 때는 많이 놀랐습니다. 수선 담당으로 일을 시작했는데, 바지 기장을 고치기 위해 밑단 실밥 푸는 시간, 재단하는 시간, 봉제하는 시간, 전체 작업을 마치는 데 필요한 시간 등 모든 과정이 초 단위로 정해져 있었습니다."

조금만 익히면 누구라도 할 수 있는, 어찌 보면 평범한 일들이지만 이렇게 비범한 수준으로 해내야 한다. 단 1초의 낭비도 용납해서는 안 된다. 1초라도 낭비하면 그만큼 실현 가능성이 떨어지기 때문이다. 유니클로는 직원들에게 글로벌 No.1을 위해서는 모든 부분에 있어 No.1이 되어야 한다고 강조한다. 그래서 아르바이트생이나 준사원에게도 시간은 곧 돈이라는 개념과 시간을 낭비하면 고객에게 주고 싶었던 '고객만족'이 불가능해진다는 점을 철저하게 교육시킨다.

누구도 따라 할 수 없는, 상상을 초월한 것

유니클로가 플리스 돌풍을 일으키기 이전에도 이미 플리스 의류는 존재했다. 플리스 소재의 장점은 보온성이 좋아 따뜻하지만 가볍다는 점이었다. 그래서 등산복, 방한복, 겨울용 스포츠의류 등의 소재로 많이 사용되었다. 혹은 당시만 해도 다양한 색상이나 디자인과는 다소 거리가 있었던 겨울용 코트나 점퍼 등의 안감으로도 사용되었다. 용도가 한정된 특수소재였기에 가격도 비쌌다. 플리스 소재 의류는 못해도 1만 엔 정도는 줘야 했다. 저렴한 물건을 취급하는 할인점에서도 가장 저렴한 것이 5천 엔이었다.

이처럼 비싼데다 특정 의류에만 사용하던 플리스 제품이 각광받게 된 이유는 무엇일까? 유니클로가 선보인 '1,900엔'이라는 상상을 초월한 파격적인 가격, 그러면서도 뛰어난 품질, 게다가 이전에는 없던 새로운 매장 컨셉으로 세간의 주목을 끌었기 때문이다.

1997년에는 연간 80만 장의 플리스 의류가 팔리고 있었다. 당시 유니클로는 플리스에 관한 한 세계 제일이라는 평을 듣던 미국 말덴밀스Malden Mills에서 제품을 별도로 주문 생산해 4,900~5,900엔에 판매했다. '연간 80만 장'이라는 숫자에서 야나이 사장은 큰 가능성을 엿보았다. 그는 그때부터 '최저가로 고품질을' 이라는 기업 철학을 다시 떠올리며 일반인들도 부담 없이 쉽게 살 수 있는 플리스 제품을 고민하기 시작했다.

1998년, 야나이 사장은 일본에서 플리스를 만들 수 있는 기업들을 찾아 나섰다. 이와 함께 원사를 취급하는 중국 공장에도 협력을 구했다. 공장 경영진과 생산관리 담당자, 제품개발 담당자들이 머리를 맞대고 연구에 연구를 거듭하면서 수차례 시제품을 만들었지만 광택과 보온성 등이 기대했던 수준에 도달하지 못했다. 개량에 개량을 거듭하다 나중에는 일본 최고의 섬유기업인 도레이에 협력을 구했다. 도레이에서 원료를 받아 인도네시아에서 원사를 만들고 중국에서 후가공을 했다. 직조, 염색, 봉제 등 전 과정을 철저하게 관리하면서 결국에는 품질과 가격 모두 만족할만한 수준까지 도달했다. 복잡한 공정을 모두 관리, 통제할 수 있게 된 것이다.

뛰어난 소재를 투입하고, 높은 생산 기술력을 유지하면서 저렴한 인건비와 대량생산 체제를 이용하는 등 유니클로가 가야 할 방향을 정립해갔다. 이런 노력 끝에 품질은 우수하고 가격은 저렴한 유니클로만의 플리스 제품이 탄생했다.

1998년 첫해 판매 목표는 200만 장이었다. 이는 엄청난 리스크였다. 생산도 그렇고 판매도 그러했다. 특히 한 시즌으로 승패가 결정되는 의류는 스피드로 무장해야 했다. 기획개발, 재료조달, 디자인, 홍보와 영업, 업무지원, 자금조달, 유통과 판매 등 그 어떤 부서에서도 '안 된다', '어렵다'는 말이 먼저 튀어나올 상황이었다. 그래서 수없이 많은 시뮬레이션을 통해 각종 위험요소를 측정하고 대응능력을 키웠다.

기존의 아웃도어용 플리스 제품은 빨간색이나 하늘색 등으로 색상이 한정적이었다. 유니클로는 고객들이 '즐겁고 부담 없이 구입해 여러 옷과 코디해서 입을 수 있는 베이직 캐주얼'로서의 플리스를 위해 다양한 색상으로 제품을 만들었다.

중국 공장을 활용해 생산단가를 낮추고 신속한 대량생산이 가능하게 했다. 여기에 일본의 장인정신을 접목해 고품질과 함께 저렴한 가격을 실현했다. 그리고 혁신적인 스피드 유통관리를 통해 상품의 회전율을 높여 재고를 줄이고 인기상품은 신속하게 재생산해냈다.

대부분의 회사는 히트상품을 내면 그 다음해는 수요 감소를 예측해 투입량을 줄이거나 생산량을 줄인다. 하지만 유니클로는 1999년과 2000년에는 지난해보다 오히려 생산량을 늘렸고, 그것들을 모두 판매하는 저력을 보였다. 1999년에는 600만 장을 계획했다가 850만 장을 팔았고, 2000년에는 1,200만 장을 계획했다가 2,600만 장을 팔았다.

품질을 올리고 신속하게 상품을 조달하기 위해 1999년 4월에 중국 상하이, 같은 해 9월에 광저우에 생산관리 사무소를 설립해 만반의 대응전략을 구축했던 것이 주효했다.

플리스는 비싸다는 상식을 깨고 유니클로는 1,900엔이라는 가격파괴를 시도했다. 그리고 플리스 의류는 촌스럽다는 생각도 깼다. 15가지 이상의 다양한 색상과 풍부한 상품으로 고객들을 사로잡았다. 하나면 충분하다는 상식도 깼다. 저가임에도 상품의 질이 좋아 오래 입을 수 있는 옷이지만 가격이 저렴하고 상품이 다양하다 보니 재구매로 이어져 판매량이 폭발적으로 늘었다. 소비자의 구매행태를 바꾸는 힘을 발휘한 것이다.

플리스가 이처럼 폭발적인 반응을 가져온 데는 광고의 역할도 컸다. 플리스 상품은 1998년 10월부터 홍보를 시작했다. 자사가 직접 생산하는 상품기획을 시도한 지 10년 만에 회사의 사활을 건 고객창출전략이 시작된 것이다.

신문광고는 단순하고 명확했다. 옷의 모양새와 '유니클로 플리스 1,900엔'이라는 문구가 전부였다. 상품에 대한 설명이나 다른 사진은 없었다. TV광고 역시 심플했다. '당신의 스타일에 대해 들려주세요'라는 자막이 흐른다. 그러면 배우, 음악가, 고등학생, 초등학생, 건설업 종사자, 프로스노보더, 전문요리점 점장, 모델, DJ, 해부학자 등 다양한 직업을 가진 사람들이 플리스를 입은 채 자연스럽게 자신이 좋아하는 것을 하면서 하고 싶은 말을 잔잔히 들려준다. 이를 테면 가수는 기타를 치면서 이야기하고, 배우는 색소폰을 불고, 교수는 조용히 사색하고, 발레리나는 발레를 하는 식이다. 모든 등장인물들은 플리스를 입었고, 광고 마지막에 '유니클로 플리스 15색, 1,900엔, UNIQLO'이 세 문구가 작게 표시되는 것이 전부였다.

1999년 겨울 시즌이 시작된 10월 30일과 31일에는 이틀 한정으로 1,290엔에 판매한다는, 그야말로 '그 누구도 흉내 내고 따라

올 수 없는, 상상을 초월한 가격'을 내세운 심플한 신문 광고를 냈다. 광고 캠페인이 화제가 되면서 날개가 돋친 듯 팔려나갔고 이윽고 전국 매장에서 품절 사태가 발생했다. 그러자 유니클로는 진대미문의 사과광고를 신문 전면에 냈다.

"작년보다 3배나 많은 물량을 준비했는데도 품절이 되어 고객들께 큰 불편을 드렸습니다. 죄송합니다. 현재 긴급 증산체제로 움직이고 있습니다. 여러분들이 희망하는 플리스를 준비하도록 하겠습니다."

또한 이런 내용도 실려 있었다.

"꼼꼼한 품질경영으로 최고의 상품을 만들면서 제조에서 유통까지 유니클로가 직접 관리해서 저렴한 가격을 실현하고 있습니다. 앞으로도 고객에게 더 좋은 서비스를 제공할 수 있도록 노력하겠습니다."

이는 유니클로의 정신과 경영방침, 기업의 자세를 자연스러우면서 직접적으로 보여준 광고 겸 회사소개였다.

소비자를 단박에 휘어잡을 수 있는 표현기법은 역시 '심플함'이다. 하지만 '심플함은 그만큼 산통이 심하다'는 말에 대해 이견이 없을 것이다. 그만큼 심플함은 결코 심플하지만은 않은 컨셉이다. 다시 말해서, 심플해질수록 더 큰 산통을 지불해야 한다는 의미다. 심플함을 광고 전략으로 내세워 플리스를 히트상품으로 만든 유니클로의 직원들이 얼마나 노력했는지 미루어 짐작할 수 있다.

매장 주차장은 늘 만차였고, 탈의실 앞에는 옷을 입어보려는 사람들이 긴 행렬을 이루었다. 매장 내 사람이 넘쳐나 입장을 제한해야 할 정도였다. 매일 품절현상이 벌어지고, 상품조달을 위해 모든 직원이 뛰고 또 뛰었다. 그때 상황을 야나이 사장은 다음과 같이 회상했다.

"정말 엄청나게 팔렸습니다. 고객들의 쟁탈전이 벌어졌고, 박스를 열면 그 자리에서 순식간에 전부 팔려나갔습니다. 그 모습을 보면서 경영자로서 걱정이 컸습니다. 직원들이 상품을 만들기만 하면 이렇게 자동적으로 팔린다는 생각을 할까 봐 말입니다."

고객들이 이처럼 폭발적인 반응을 보이면, 보통의 경영자라면 마냥 즐거워할 것이다. 하지만 야나이 사장은 달랐다. 그런 상황에서도 그의 생각과 눈은 미래에 있었다.

될 때까지 도전하는 '기천정신'이 있는가?

2007년 말 밀려든 세계적인 불황으로 일본의 섬유업계도 '잃어버린 20년'이라 불리는 불황의 연장선상에서 매우 심각한 열병을

앓고 있었다. 하지만 유니클로의 실적만큼은 거짓말처럼 눈부셨다. 2008년 11월 일본 내 판매 실적을 살펴보면 기존 매장의 매출이 전년 대비 32.3%나 증가했다. 고객 수도 25% 증가한 것으로 집계됐다. '겨울시장에서도 나 홀로 승자'라며 많은 언론이 유니클로를 평가했다. 이런 '나 홀로 호황'을 만든 주인공은 바로 '히트텍'이었다. 히트텍에 대한 당시의 기사를 보면 그 성과가 얼마나 눈부셨는지 알 수 있다.

"11월부터 품절되기 시작하더니 12월 초에는 모든 히트텍 상품이 동이 났다. 유니클로에 따르면 원재료 조달부터 모든 과정이 계획대로 이어졌고, 현재 더 이상은 생산할 수 없는 상태라고 한다. 다음 시즌에는 생산량을 늘리고 해외 등으로 확대할 계획이다."

히트텍은 경영진에서부터 개혁에 동참한 결과물이었다. 글로벌 No.1 상품을 만들겠다는 의지를 가지고 모든 유니클로 구성원들이 함께 움직였다. 그리고 전 과정에 참여하는 모든 임직원의 생각과 일하는 수준도 No.1이 되어야 한다는 공감대를 만들었다. 히트텍은 유니클로 사람들의 혁신과 창조를 낳는 '생각하는 방식'과 '일하는 방식'을 잘 보여주는 결과물이다.

플리스 붐이 한창이던 2000년, 야나이 사장은 글로벌 시장을 목표로 정했다. 세계 최고의 제품을 만들겠다는 생각에 이르자 세

계 최고라 불릴 만한 소재 기술을 확보하고 싶어졌다. 일본 섬유
회사와 제휴해 기능을 개선하고 품질을 월등히 높인다면 해외 고
급 브랜드를 넘어서 충분히 세계 최고가 될 수 있다고 생각했다.
그런 야나이 사장의 눈에 세계적인 섬유소재회사로 유명한 도레
이가 들어왔다. 도레이는 최고 수준의 기술을 보유했음에도 제대
로 활용하지 못하는 회사라는 생각을 했던 것이다. 도레이와 함께
라면 글로벌 No.1을 목표로 하고 있는 유니클로가 제대로 한번
할 수 있겠다는 자신감이 들었다.

2000년 4월 야나이 사장은 전 임원을 데리고 도레이를 방문
했다. 이전부터 거래를 이어오고 있었지만, 본격적인 협력관계
를 모색해야겠다는 각오로 임원들과 함께 찾아간 것이다. 도레이
CEO를 만난 자리에서 "우리가 글로벌 No.1이 되기 위해 귀사의
기술이 반드시 필요합니다."라며 한층 더 친밀한 협력관계를 부
탁했다. 야나이 사장의 이 말에는 경제를 발전시키고 본업을 통해
산업 전체에 활력을 주겠다는 사명감까지 느껴진다. 이후 두 회사
의 임직원들 간의 활발한 교류가 본격적으로 시작됐다.

2001년 이후 플리스 붐이 사라지면서 플리스 신화를 넘어야만
살아남을 수 있다는 절체절명의 위기의식이 생겨났다. 새로운 돌
파구가 필요했다. 야나이 사장은 도레이와 함께 지금까지 존재하

지 않았던 새로운 상품을 만들어 글로벌 시장으로 뻗어가겠다는 생각을 했다. 장기적으로는 도레이와 포괄적 협력관계를 맺어 탄소섬유 기술을 속옷류에도 활용할 생각을 가지고 있었다. 실질적인 협력관계가 시작되자 도레이는 유니클로 전문조직을 만들었고 매주 두 회사 담당자들이 미팅을 했다. 유니클로는 1,000엔에서 1,500엔 정도의 저렴한 가격으로 '아주 따뜻한 내의', '멋을 낼 수 있는 내의', '자랑할 수 있는 내의'를 생산하는 것을 목표로 했다. 이것이 바로 '히트텍'의 시작이었다.

당시 도레이의 공동개발실장으로 있던 오가와 아키라는 그때 상황을 다음과 같이 설명했다.

"이런 상품이 있었으면 좋겠다, 이런 소재가 존재하는가, 이런 촉감을 낼 수 있는가, 이런 조건에서 이런 기능을 발휘할 수 있는가 등 활발한 논의를 주고받았습니다. 아이디어를 내면서 우리 기술자들은 기대치를 충족시킬 만한 소재를 개발하기 위해 시행착오를 거듭했습니다. 유니클로 팀은 우리에게 항상 과제를 주었지만 결국에는 그것이 우리에게 좋은 자극이 되었습니다."

오가와는 유니클로 사람들의 일에 대한 열정을 직접 경험한 뒤 "섬유개발에 관여하고 있는 수백 명의 도레이 연구원들 모두 유니클로의 연구원이라고 생각해도 좋다."면서 적극적인 지원을 약속했을 정도였다. 당시 유니클로 생산부장으로 실무책임을 맡왔던 니시카와 마사아키는 한 인터뷰에서 그 때의 모습을 이렇게 표현했다.

"두 회사의 관계자들은 주 3~4회씩 미팅을 했고, 공장으로 이동해 개량에 개량을 거듭했습니다. 우리 수십 명은 모두 들불처럼 일어나는 벤처기업처럼 움직였습니다."

2003년 처음 출시한 히트텍은 가벼움과 땀의 흡수와 건조성 등 기능적인 측면이나 편안함 등에서 호평을 얻었다. 이러한 호평에도 불구하고 연구개발과 상품개선은 멈추지 않았다.

히트텍의 핵심 소재는 중합체polymer의 폴리에스테르polyester 섬유다. 기존의 다른 화학섬유와 비교하면 딱딱하고 촉감도 좋지 않아 속옷감으로는 적합하지 않은 섬유로 취급되었다. 그러나 순면에 뒤떨어지지 않는 부드러움과 화학섬유가 가지고 있는 기능성을 보완한다면 더 좋은 속옷을 만들어낼 수 있다고 생각했다.

두 회사는 먼저 보온성에 도전했다. 보온성을 위해 폴리에스테르에 섞어 넣는 천연섬유의 구조를 바꿔 외부의 기온을 차단하는 역할을 할 공간을 만들었다. 체온으로 따뜻해진 공기를 붙잡아 보온성을 향상시키는 구조였다. 이후에는 보습성을 높여 촉감을 개선했다. 시행착오를 거듭하면서, 화장품에 사용되는 보습성이 높은 경화유 중 하나인 '스쿠와란'를 섬유 표면에 부착하는 방법을 고안해냈다. 이렇게 개량된 소재로 만들어진 히트텍은 2005년 판매량이 450만 장을 돌파하면서 히트상품 자리에 올랐다. 혁신에 혁신을 거듭한 결과 매년 새로운 가치를 만들 수 있었고, 결과적으로 고객창출로 이어졌다.

당시 최고집행임원이던 오토마는 유니클로의 강점에 대해 이렇게 강조한다.

"기술력을 향상시키고 다른 기술을 활용하면서 끊임없이 갈고 닦아 지금 판매중인 상품을 더 좋게 만들어낸다는 것이 우리의 강점입니다."

같은 상품일지라도 소재부터 매년 엄청난 진화를 거듭하고 있다. 어느 한순간에 갑자기 고객이 반응하는 것이 아니라, 알아주지 않더라도 조금씩 진화해온 상품이 고객을 감동시키며 히트상품이 된 것이다.

소재 고급화는 이후에도 계속됐다. 발열, 보온, 항균은 물론이고 남성용에는 드라이 기능성이라는 디테일을 강화시켰다. 몸에서 나오는 열과 땀을 빠르게 흡수해 확산시켜 따뜻함을 유지하면서도 건조 기능도 개선했다. 2005년 이후부터는 여성용 상품에 보습 기능을 강화하면서 신문광고 등을 통해 대대적인 마케팅을 전개했다. 보습 가공은 꾸준히 개선되어 2007년에는 전보다 더

얇아지고 신축성이 강화되었다. 이와 함께 섬유를 후가공하는 과정에서 본질적인 접근으로 실 성분 자체를 바꾸는 방법을 개발했다. 기존 상품이 세탁을 하면 기능적인 부분에서 손상될 가능성이 높았기 때문이다. 홋카이도산 우유에서 추출한 유즙단백질 등을 원사에 배합함으로써 유연성과 보습효과를 반영구적으로 유지할 수 있는 신소재가 탄생했다.

2003년: 발열과 보온 기능을 가진 히트텍 판매 시작	2005년: 여성용 상품에 보습 기능 추가	2007년: 신축성 기능 추가, 여성용 상품의 보습 기능 향상

2004년: 남성용 상품에 항균, 드라이 기능 추가	2006년: 여성용 상품의 보습 기능 향상

이런 과정을 거치며 유니클로와 도레이의 협력은 더욱 강해졌다. 50명 정도로 구성된 두 회사의 프로젝트팀은 고객의 니즈를 파악하기 위해 판매현장과 생산공장을 매일같이 드나들었다. 기획에서 생산까지 동고동락하면서 연구에 연구를 거듭했다. 그 결

과 고객들의 요구사항을 먼저 읽어내 고객이 원하는 상품을 만들어낼 수 있었다. 고객의 상상력을 자극하며 구매력을 이끌어낼 수 있는 상품력을 갖추기 위해 고민했고, 기존 스포츠의류 소재로 사용했을 때와 비교했을 때 뛰어난 패션성을 지니게 됐다. 그들은 글로벌 No.1 상품으로 인정받기 위해서 결코 적당한 수준에서 만족하지 않았다.

2009년: 정전기 방지, 형태유지 기능 추가	2011년: 남성용 상품에 냄새제거 기능 추가, 여성용 상품의 보습과 촉감 향상

2008년: 히트텍 글로벌 전개에 따른 디자인 등 개선과 기능 추가	2010년: 여성용 상품의 원사 극세사화, 촉감 향상

히트텍은 내의를 염두에 둔 신시장 개척을 목적으로 출발했지만, 소재의 혁신을 통해 내의시장은 물론이고 그것을 초월해 외투와 코디할 수 있는 옷으로까지 발전되었다. 혁신과 노력의 결과물로 2008년 겨울부터는 세계적인 전략상품이 되었다. 전대미문의

히트를 쳤다고 평가받던 플리스의 최대 판매량은 2000년에 기록한 2,600만 장이었다. 그런데 히트텍은 이것을 뛰어넘어 2008년 겨울 2,800만 장(해외 100만 장 포함)이라는 경이로운 판매량을 기록했다. 될 때까지 실패를 두려워하지 않고 도전한다는 '기천정신 起千精新'으로 인내심을 가지고 데이터를 분석하고 끈질기게 만족스런 제품을 만들어낸 결과물이다.

5 지나간 성공을 빨리 잊을수록 새로운 성공이 빨리 온다

배부르고 등 따뜻한 현재에 안주하면 지금 가진 것도 모두 잃을 수 있다. 과거의 성공이 미래를 보장하지 않는다. 초창기의 정신과 새로운 도전이 살아 숨 쉴때 성장할 수 있다.

스펜서 존슨Spencer Johnson은 그의 저서 《누가 내 치즈를 옮겼을까?》에서 왜 끊임없이 변화해야 살아남을 수 있는지를 우화로 표현했다. 옛 치즈에 대한 생각을 빨리 잊을수록 새로운 치즈를 더 빨리 찾게 된다는 말이 특히 인상적이다. 한 가지 성공에만 안주하면 세상의 변화를 잊게 된다. 그러다 보면 치즈가 서서히 사라지고 있다는 사실조차 망각해 결국 고사하게 된다는 경고다.

브랜드는 고객이 선택한다. 이런 기본적인 사실을 잊고 브랜드 파워가 강력해졌으니 고객을 골라 받겠다는 오만한 생각을 하는 기업들이 종종 있다. 이러한 발상은 고객을 멀어지게 만들고 결국 스스로를 쪽박 차는 브랜드로 전락시키는 위험한 생각이다. 수많은 유수의 기업들이 어느 날 갑자기 사라지게 된 이유도 이런 '대기업병'에서 헤어 나오지 못했기 때문이다. 냉혹한 현실을 체험하면 편안한 생각이 얼마나 치명적 상처를 주었는지 실감할 수 있다. 그렇게 되면 비로소 '편안하고 안락한 일'을 상상하는 것이 얼마나 두려운 것인가를 깨달을 수 있다.

그렇다면 어떻게 해야 할까? 어떻게 하면 편안하고 안락한 곳에 안주하지 않을 수 있을까? 똑똑한 사람 몇몇이 그렇게 한다고 해서 해결될 일이 아니다. 조직 전체가 움직여야 한다. 조직 전체가 변화에 대한 열망을 갖고, 아이디어를 보태고, 경험치를 보태고, 정보를 보태야 한다. 그렇지 않으면 고객도 뺏기고 현재 누리고 있는 이 영광도 한순간에 사라진다.

둘을 잃더라도 하나를 얻기 위해

유니클로가 히로시마 증권거래소에 상장하면서 자금의 여유가 생기고 지명도도 높아졌다. 당시 공모가는 7,200엔으로 꽤 높은 가격이었다. 하루아침에 134억 엔이라는 대형 자금이 들어왔다. 증권가에서는 '회사 전략이나 경영방침이 알기 쉽고 성장 가능성이 높다'는 평가를 내렸다. 1990년대 초부터 상장을 목표로 전문가를 통해 컨설팅을 받으며 준비했던 게 효과를 본 것이다. 야나이 사장은 상장 인사에서 이런 말을 했다.

"우선, 앞으로의 목표는 전국체전 우승입니다. 국내에서 No.1이 된 후, 올림픽 출전권을 쥐겠습니다."

이후 유니클로는 브랜드 인지도를 높이기 위해 고객들에게 세 가지 약속을 했다

항상 청결한 매장:

항상 고객이 기분 좋게 쇼핑을 할 수 있도록 매장 전체의 청결·정돈을 철저히 하겠습니다.

광고상품 품절 금지:

광고상품의 품절을 방지하고, 만일 품절이 됐을 경우는 즉시 다른 매장에서 가져와 제공하거나 대체품을 수배해드리겠습니다.

3개월간 이유 불문 반품·교환:

구입 후 3개월 동안은 이유를 불문하고 반품 및 교환해드리겠습니다.

이런 방침을 세우자 회사 내부에서는 '입다가 가지고 온 옷까지 바꿔줘야 한다면 엄청난 손실이다', '그렇게 팔다가는 망할지 모른다' 등의 반대하는 의견이 만만치 않았다.

안정을 추구하는 조직이라면 이런 생각과 의견이 지배한다. 하지만 유니클로는 달랐다. 반품을 통해 상품에 대한 고객의 불만 정보를 얻고, 확실한 신뢰를 얻는 것이 더 크게 얻는 것이라는 판단에서 과감하게 실천으로 옮겼다. 이 내용은 미디어에 방송되기도 했을 정도로 당시에는 파격적이었다.

이 방침을 실행하자 각 매장의 반품과 교환율은 당연히 올라갔다. 고객들의 반품을 매우 중요한 정보로 판단해 모든 임직원이 적극적으로 원인을 분석하고 개선책을 세웠다. 기획, 원단구입, 생산라인, 품질관리, 포장, 재고관리, 상품진열, 고객응대 등 전 부분에서 개선작업을 실시했다. 이 과정을 통해 모든 임직원들은 자신이 맡은 작은 일을 자칫 사소한 방심으로 제대로 하지 않을 경우 상품은 쓰레기처럼 버려지게 된다는 것을 인식하게 되었다. 직접 판 물건에 대해 책임을 지겠다는 생각에서 비롯된 약속이었다. 이는 훗날 유니클로 상품의 품질을 명품 수준으로 끌어올리는 계기가 되었다.

상장을 계기로 수도권 진출 계획을 세우고 있던 유니클로는 1994년 가을, 전국 방송에 쇼킹한 광고를 냈다. 일본의 대형 광고 대행사 덴쓰가 제작한 영상을 본 내부에서는 '쇼킹해서 단박에 브랜드를 알릴 수 있겠다'는 의견과 '자폭 행위와 같은 이런 영상은 절대 내보내면 안 된다'는 의견으로 나뉘었다. 반대의견이 우세했지만 결국 광고를 내보내기로 했다.

당시 광고는 이러했다. 심한 오사카 사투리를 쓰는 아줌마가 유니클로 계산대 앞에서 "이 옷 맘에 안 들어, 바꿔줘!"라며 웃옷을 벗어젖힌다. 불만 가득한 표정으로 씩씩대면서 말이다. 뒤이어 상의를 벗어 브래지어만 걸친 상태에서 다시 한 번 바꿔달라고 말하면서 이번엔 하의마저 벗는다. 결국 속옷만 입은 채 어디 한번 싸워보자며 소리를 지른다. 이 광고가 나가자 여성인권단체를 중심으로 '역겨우니 방송을 중단하라', '여성 멸시다', '광고주가 이상한 사람 아니냐', '앞으론 유니클로 상품은 사지도 보지도 않겠다'는 등 항의가 쏟아졌다. 이후 똑같은 스토리를 가진, 아저씨가 모델인 광고도 내보냈다.

원래는 9월부터 12월까지 방송될 예정으로 모두 6명의 패턴이 있었는데 결국 방송에서 다 보여주지 못했다. 11월에 광고를 중단했기 때문이다. 광고가 나간 후 각종 TV 프로그램에서도 난리가 났다. 여기저기에서 '화제의 광고'라며 유니클로의 광고를 틀고 출연자들이 같이 와자지껄 떠들어대면서 서로 찬반 격론을 벌였다. 광고는 중단되었지만 전국적으로 유니클로라는 이름을 알리는 특별한 효과를 얻었다. 이 광고를 통해 야나이 사장은 매출과 연동되지 않아도 엄청난 가치가 있는 광고도 존재한다는 사실을 깨달았다고 한다.

비즈니스 정글에서 하나를 얻으면 다른 하나를 잃을 수 있고, 하나를 얻기 위해 둘을 잃을 수도 있다. 그러나 더 강해지는 길이라면 시도하고 도전해야 한다. 하나를 잃고 하나를 얻으면서도 더 강해질 수만 있다면 나중에는 기대한 것 외에 또 다른 것도 얻을 수 있기 때문이다.

'안정적'으로 성장하는 조직은 없다

"애초에 우리는 작은 기업으로 시작했습니다. 부친에게서 물려받았을 때는 연매출 1억 엔도 못 미치는 영세기업이었습니다. 회사를 말아먹지 않고 키워야 한다는 생각을 하면서, 그저 그런 지방의 양복점을 벤처기업으로 변신시켰습니다. 고통스러운 작업이었지만, 지금까지도 나는 늘 변신만 생각하고 있습니다."

한 언론과의 인터뷰에서 이렇게 말한 것처럼 야나이 사장은 늘 도전정신을 강조한다. 처음 사업을 시작했을 때 가졌던 초심, 말하자면 실행력을 앞세운 불굴의 도전정신 말이다. 구시대의 양복점이 유니클로로 변신했고, 글로벌 기업으로 성장시켜왔던 원동력이 바로 영원한 벤처정신과 도전정신이었기 때문이다.

조직이 커지면 직원들은 변화보다 안정을 추구한다. 몸을 움직이려 하기보다 가만히 앉아서 이렇다 저렇다 입으로만 평가하는 평론가들만 늘어난다. 그러다 조직이 위기에 처했다 싶으면 다들 다른 이에게 책임을 전기하고 제 살길 찾느라 바빠진다. 책임지려는 사람은 찾아보기 힘들다.

물론 많은 이들이 안정적인 회사에서 일하고 싶어 한다. 하지만 '안정적인 회사에서 일하고 싶다는 생각은 완벽한 실책'이라는 야나이 사장의 말처럼, 초창기의 정신이 살아 숨 쉬지 않고 새로운 도전정신이 사라진다면 그 조직은 사그라져 결국 고사하고 만다. 이런 정신이 조직 내에서 영원히 살아 숨 쉰다면, 아무리 공룡 같은 거대 글로벌 기업이 되더라도 계속해서 성장하고 지속가능한 경쟁력을 가질 수 있다고 판단했다.

계속 성장하는 조직, 무한성장 조직을 만들고 유지하려면 무엇이 필요할까? 늘 절실한 것이 3가지의 변화다. 바로 '사업구조', '조직', '구성원들의 의식'의 변화다. 그래서 유니클로 역시 직원들의 애사심을 높이고, 의식과 행동에 혁신적인 변화를 주어 업무에 집중할 수 있도록 하는 데 골몰했다. 이를 위해 일의 현장이 보이고, 일의 실체가 보이고, 일의 현실이 환히 보이는 일터를 구축했다. 직원들에게 현장을 보는 눈, 실체를 보는 눈, 현실을 보는 눈을 갖게 해주기 위한 목적이었다.

현장을 보는 눈 : 일을 가시화한다

일의 전체적인 그림을 볼 기회를 제공하고 참여하고 있는 사람들이 같이 안목을 넓힐 수 있는 기회를 갖자는 것이다. 일의 현장을 보면 동료들의 일하는 내용과 스타일을 볼 수 있다. 각 개인 '일터의 성역화'가 아니라, 일터의 혁신을 통해 조직 전체를 한 눈에 보고 서로 배우는 현장으로 만들어야 한다. 개방적인 업무공간에서 서로의 경험치를 공유하면서 '일하는 방식의 혁신'을 통해 전 임직원들의 의식개혁'을 끊임없이 이어가는 것이 중요하다.

실체를 보는 눈 : 상품과 서비스를 가시화한다

유니클로의 연구개발(R&D)본부 입구와 통로에서는 유행상품을 마네킹에 입혀보면서 상품을 직접 검토할 수 있다. 중앙의 넓은 공간에는 현재 기획 중인 상품과 샘플을 전시하고 있다. 이처럼 직원들이 상품을 항상 살펴볼 수 있도록 환경을 조성했다.

상품이나 샘플을 한 눈에 볼 수 있게 전시하는 공간을 만들면 상품과 서비스에 관한 검토, 토론, 설명회 등을 현물을 직접 보면서 할 수 있다. 사무실에 있으면서도 바로 옆에 매장이 있는 듯 다양한 각도에서 살펴볼 수 있게 된다. 이렇게 되면 고객이 보이고, 매장이 보인다. 결과적으로 개발에 참여한 임직원들의 성과가 큰 폭으로 높아지고, 개발업무 자체도 효율적으로 할 수 있다.

현실을 보는 눈 : 직면한 문제를 가시화한다

조직과 구성원이 함께 성장하기 위해서는 고객의 눈높이에서 무엇을 해야 하는지, 고객창출을 위해 무엇을 해야 하는지 같이 알고 일하는 문화가 중요하다. 직면한 문제를 공유하고, 도전과제나 목표를 공유하는 것은 시장과 고객을 올바로 이해하는 데 도움이 된다. 이렇게 되면 시장이 어떻게 돌아가고 있는지, 고객은 무엇을 원하고 있는지를 알고 시장과 고객을 얻기 위해 일사분란하게 움직일 수 있다.

개인은 자신의 일을 제대로 이해하면서 참여의식, 역할의식, 공헌의식에 대한 필요성을 인식하게 된다. 그리고 주도적으로 자기 업무를 추진할 수 있다. 문제해결과 도전을 통해 인재양성이 자연스럽게 가능해지고 리더십이 키워진다.

"고객지향, 현장지향을 위한 새로운 경영체제를 항상 생각하면서 개혁해야 합니다."

야나이 사장이 직원들에게 늘 강조하는 말이다. 고객을 보지 않고 현장의 일도 생각하지 않으면서 자신의 위치에서 고민하지 않으면 적절한 지시를 내리기 어려워지고 현장감각이 떨어진다. 결국에는 고객과 시장을 무시한 어리석은 결정을 내리게 된다. 야나이 사장은 한 신문과의 인터뷰에서 이 점을 이렇게 지적했다.

"고객은 보지도 않고 제멋대로 만든 상품에 자기만족 하는 직원들이 간혹 있습니다. 그런 식으로 구색을 갖춰놓고 제값을 받겠다고 가격을 올립니다. 비싸고 불필요한 상품만 점점 늘어나니 고객은 더 피곤해질 수밖에 없습니다. 그렇게 되면 고객들은 소리 없이 서서히 이탈하게 됩니다. 결국 재고는 늘고, 상품은 고객과 점점 더 멀어지고 맙니다."

ABC개혁으로 대기업병 타파

"우리는 월계관을 쓰고도 쉴 수가 없습니다. 역사가 미래를 보장하지는 않기 때문이죠. 역사란 미래를 향한 여행을 떠날 때 반드시 딛고 일어서야 하는 자리입니다."

휴렛팩커드의 전 CEO 칼리 피오리나Carly Fiorina가 했던 유명한 말이다. 과거의 영광이나 현재의 성공이 결코 미래를 보장해줄 수 없다는 의미다. 아무리 좋은 시장을 선점했더라도 그 기간은 길어야 수년에 불과하다. 상품의 수명은 점점 더 짧아지고 있고, 성공을 지속하기 위해서는 끊임없이 변화해야만 한다. 야나이 사장역시 "과거의 성공은 빨리 쓰레기통에 버려야 한다."고 외쳐왔다. 지속적인 변화와 혁신만이 살길이라는 것이다.

1994년 히로시마 증권거래소에 상장한 뒤 유니클로 내부에서는 '이제 됐다'는 안도감이 자리 잡기 시작했다. 급기야 전체 매출은 늘었지만 각 매장의 성장세는 둔화되기 시작했다. 게다가 매뉴얼에 지나치게 의존한 나머지 고객응대가 획일화되었다. 당시 경영진은 '저렴하면서도 쓸 만한 제품을 만들고 있다'는 자만심이 고객을 떠나보내게 했다고 분석했다.

또한 본부와 매장 사이에 소통이 제대로 이루어지지 않은 것도 문제였다. '맡은 일만 하면 된다'는 아마추어적 발상이 직원들 사이에 침투하면서 본부와 매장 사이가 멀어졌다. '본부가 생각하면 매장은 실행만 하는 곳'이라는 사고가 만연해지면서 생각하는 사람과 실행하는 사람이 따로 있다는 생각을 갖게 된 것이다. 그러다 보니 문제가 생기면 본부는 "매장의 실행이 잘못되었다."고 말하고, 매장은 "본부의 계획이 잘못되었다."며 서로에게 책임을 떠넘기기에 급급했다. 쪼그라드는 조직에서 흔히 볼 수 있는 '지원부서는 현장부서를 탓하고, 현장부서는 지원부서를 탓하는 형국'이었다. 그러면서 차츰 현장과는 멀어진 본부가 주도하는 경영으로 변해갔다. 힘 있는 부서가 지배하고, 현장은 아무 생각 없이 따르는 분위기 말이다.

하지만 마이너스 성장세가 나타나자 다들 위기감을 느끼기 시작했다. 고객과의 접점인 매장에서 고객을 보며 고객을 창출하는 현장중심 경영이 무엇보다 절실했다. 고객접점이 기업의 생명줄이라는 공감대가 생겨났다. 그리고 고객의 관점에서 회사 전체 구조를 처음부터 다시 구축해야 한다는 의견이 내부에서 고개를 들었다. 당시 상황에 대해 한 임원은 다음과 같이 회상했다.

"회사가 성장함에 따라 효율성을 추구하기보다 매뉴얼에 얽매이기 시작했습니다. 다시 말해서, 끊임없이 개선하려는 의지보다 정해진 것을 고수하려는 경향이 강해진 것이죠. 이런 것들을 타파해야 한다는 분위기가 전사적으로 일어난 것입니다."

결국 1998년 6월, 야나이 사장은 전 임직원 앞에서 'ABC개혁'을 선언한다. ABC는 'All Better Change'의 줄임말로 '모든 것을 바꿔보자'는 의미다. 고객의 관점에서 모든 업무를 재검토하고 개선하는 고객중심주의로 돌아감과 함께, 비용절감을 위해 끊임없이 개혁을 추진하기 위함이었다.

뛰면서 생각하고, 생각하면서 일하라

'안 하겠다', '못 하겠다'는 사람들에게 왜 그러는지 물어보면 '일에 체계가 잡혀 있지 않고 시스템이 없다'고 답한다. 이런 사람들일수록 '제대로 체계가 잡힌 곳에서 일하고 싶다'고 한다. 그러나 이 말을 거꾸로 보면, 이런 불평을 하는 그 자신이 체계가 없다는 뜻이기도 하다. 체계가 없다는 것을 알고 있다면 본인이 나서서 바로잡아야 한다.

시스템을 구축했다고 일이 알아서 착착 진행될 것이라는 생각은 큰 착각이다. 시스템에 무조건적으로 의존하면 시스템의 노예가 되고 만다. 하지만 시스템을 제대로 활용할 가치를 숙지하면 개인의 능력은 수십 배 높아진다.

유니클로가 1997년 구축한 '데이터 웨어하우스data warehouse'는 ABC개혁과 함께 본격적으로 데이터 경영으로 확대, 고도화했다. 이후 1999년 10월에는 정보 시스템을 개발할 '리테일개발센터'를 도쿄 중심지에 개설하면서 본격적으로 시스템 개혁에 들어갔다. 남녀노소를 불문한 폭넓은 고객층에게 저렴하고 고품질의 상품을 제공하는 것을 기본으로 직영점의 공격적인 대량출점, 상품기획과 소재개발·제조·판매까지 일괄 통합 관리하는 No.1 기업을 목표로 했다. 조직 내에서 만들어지는 대량의 업무 데이터베이스를 분석하고 추출해 기업전략이나 의사결정에 반영하기 위해 데이터 웨어하우스를 물류관리 시스템, 생산관리 시스템, 매장 발주 시스템, 매장 재고관리 시스템, 판매계획 시스템과 연동시켰다. 그리고 다음과 같은 실현목표를 분명히 했다.

- 고객에게 지속적으로 지지를 받을 수 있는 새로운 비즈니스 모델을 구축한다.

- 고객들이 찾는 매장의 책임자인 점장이 주체적으로 판매를 할 수 있는 체제를 만든다.

- 상품의 세부단위(스타일, 색, 사이즈 등)까지 판매량과 생산량을 일치시킨다.

- 눈에 보이는 창의적인 제안으로 고객 요구에 부응하고 품절로 인한 기회손실을 없앤다.

예전에는 점장들이 각자의 리더십을 발휘해 매장을 운영했고, 리더들의 감에 따라 회사 경영이 이루어졌다. 하지만 회사가 지속적으로 성장하기 위해서는 개인의 직관이나 감에만 의존해서는 안 된다. 각 현장에서 결과로 나오는 각종 데이터를 철저히 분석하고 계량화해서 최대한 활용해야 한다.

유니클로는 다른 회사보다 비교적 빠른 시기인 1988년 7월에 POS시스템을 도입해 전국 매장의 판매 상황과 회사 내부의 정보를 관리했다. 그럼에도 POS시스템에 한계를 느꼈다. 그래서 1998년 6월부터 시작한 ABC개혁을 통해 기존 POS시스템을 뛰어넘는 정보화 구축으로 상품기획, 생산, 판매까지 한 단계 높은 시스템 개혁을 추진했다.

모든 것을 바꾸자는 ABC개혁의 핵심은, 전문경영진을 구성해 그들을 중심으로 '전사전원경영'을 실천해가는 것이다. 매장 경영도 진정한 경영자를 육성하는 방향으로 변화시켰다. 매장마다 고객의 기대치가 약간씩 다를 수 있으므로 세심하게 대응할 수 있는 자립적인 운영을 지향하도록 했다. 한 가지 예를 들면, 각 매장에서 자체적으로 매출과 재고를 관리할 수 있도록 위임했고, 본부는 각 매장이 발신하는 정보를 실시간으로 집계해 최적의 생산계획을 세워 없어서 못 파는 '기회손실'을 줄여나갔다.

각 부서는 판매실적을 본격적으로 데이터화하고, 매장에서 근무하는 담당자들의 생각과 고객의 목소리, 시장상황을 반영하고 분석해 수요를 예측했다. 그리고 이를 토대로 생산계획을 세우고 재고계획을 작성해 판매전략을 결정한다. 기획단계에서 검증한 것들이 최종계획으로 결정되면, 생산계획·발주 내용이 정해져 계획대로 생산해 신속하게 공급된다. 이때는 완전판매를 목표로 한다. 이 사이클을 반복해서 개선하고 정밀도와 스피드를 높여 '기회손실'을 줄이고 수익을 극대화시켰다.

일괄관리 시스템 덕분에 매장 담당자들은 실시간으로 판매 현황을 볼 수 있게 되었다. 예를 들어 어느 상품의 판매가 예상보다 저조해 재고로 남을 가능성이 높은 경우 할인행사를 시뮬레이션으로 시험해볼 수도 있다. 가격을 어느 정도로 낮췄을 때 얼마나 팔릴지 등을 예측하는 것이다. 실시간 분석은 각 매장의 신속한 대응이 가능하게 했다. 동시에 각 매장에서 들려오는 고객의 목소리나 현장 직원의 의견들이 빠르게 모아져 상품 개발에 반영할 수 있었다.

내가 본사 취재를 마치고 각 매장 취재를 할 때도 유니클로의 매장 직원들은 데이터가 빼곡히 적힌 종이를 들고 수시로 매장과 창고, 사무실을 바쁘게 왕래하는 것을 쉽게 볼 수 있었다. 본부 직원들도 데이터의 이면까지 철저하게 읽어내면서 결과를 분석하고 현장을 돌며 미래를 예측하는 작업을 계속한다. 이것이 바로 '생각하면서 일하는 습관'이다. 한 점장대리는 나와의 인터뷰에서 이렇게 강조했다.

"현장에서 움직이고 데이터를 보면서 성공의 본질인 '일하는 방식의 혁신'을 찾습니다. 생각, 생각, 또 생각하지 않으면 해답을 얻을 수 없습니다."

고객과 가장 가까이 있는 세계 각국의 매장에서 발생하는 데이터를 세계에서 가장 경쟁력 있는 상품을 만들어낼 토대로 이용한 것이다. 이런 일이 가능한 이유는 모든 임직원이 '지나간 것을 보고 미래를 예측해내듯' 현장과 결과를 보고 생각하면서 일하고 있기 때문이다.

최근 유니클로는 시장의 변화를 먼저 읽어 수요를 창출하고, 시장을 선도하기 위해 다시 한 번 움직이기 시작했다. 2016년 도쿄의 부도심인 아리아케에 도쿄돔의 2.4배에 달하는 거대한 신사옥을 준공했다. 5층까지 구성된 연면적 7만 3,000m²의 물류센터와 함께 맨 위층인 6층의 1만 6,500m²는 혁신적인 업무공간으로 꾸미며 2017년 봄에 업무를 시작했다. 이곳에는 유니클로 주요부서 직원 1,000여 명이 한 공간에서 근무하고 있다. 야나이 사장은 신사옥에서 진행한 기자회견에서 단순 SPA가 아니라 디지털 기술을 활용한 최첨단 정보제조소매업을 구축해 가는 것이 목표라고 발표했다.

소비자들의 스마트폰을 활용한 소비문화와 쌍방향 커뮤니케이션을 중시하고, 인공지능을 포함한 디지털기술을 활용해 기획, 상품개발, 제조, 물류, 유통, 판매 등 전 과정을 파격적으로 혁신해 새로운 성장동력을 만들겠다는 발상이다. 말하자면 모든 판매데이터, 인터넷망 정보들을 인공지능으로 분석해 초스피드로 소비자가 원하는 것만 만들어 완전판매하겠다는 전략이다. 지금부터는 상품이 고객에까지 도달하는 시간을 압도적으로 단축하는 게 중요하다고 보고 있다. 디지털을 통한 소비자와의 직접적인 접점들을 구축해 최적의 패션을 지속적으로 제안하면서 판매기회의 손실이나 과잉재고를 만들지 않겠다는 생각이다.

유니클로는 다음의 세 가지를 구체적으로 실현하겠다는 목표를 가지고 있다.

'옷을 만드는 사람과 입는 사람의 경계를 없앤다'
'소비자 한 사람 한 사람과 같이 한다'
'다음 세대로 이어지는 지속가능한 회사를 만든다'

고객만을 보고 움직이는 그들의 시스템 혁신에는 끝이 없어 보인다.

당신은 스스로에게 어떤 질문을 던지며 일하는가?

프로야구 선수는 한 번 타석에 서기 위해 수백수천 번의 연습을 한다. 육상선수는 기록을 단 0.01초라도 단축하기 위해 몇날 며칠을 뛰고 또 뛰며 피를 토하면서도 뛴다. 물건을 파는 장사꾼도 운동선수들처럼 연습을 거듭할수록 잘할 수 있기 마련이다.

대부분의 사람은 몸에 채 익기도 전에 포기하고 그만둔다. 습관으로 자리 잡기 전에 기존의 습관과의 싸움에서 패하는 것이다. 하지만 몸에 밸 때까지 계속하겠다는 자세를 가진 사람들은 항상 더 나은 것을 상상하면서 동료로부터 배우고 훈련을 멈추지 않는다. 문제가 발생하면 업무 시간이 지났어도 해법을 찾기 위해 생각의 끈을 놓지 않는다. 자투리 시간에도 '나라면 그런 상황에서 어떻게 했을까'라는 고민을 이어간다.

ABC개혁을 시작한 후 유니클로의 전 임직원은 '만든 상품을 어떻게 팔 것인가'가 아니라, '어떻게 하면 팔릴 물건을 만들 것인가'를 스스로에게 질문하게 되었다. 이렇게 사고를 전환하자 늘 고객을 바라보면서 일하는 자세를 갖게 되었다. 그리고 '이런 물건이 잘 팔린다'는 것을 알게 된 순간 생산을 빠르게 늘릴 수 있는 체제도 구축했다. 팔 수 있는 상품인데 생산이 늦어져 못 파는 '기회손실'의 문제를 어떻게 줄일 수 있을지 전사적으로 끊임없이 고민한 결과였다.

실제로 ABC개혁을 2년 정도 지속하자 가시적인 성과가 나타나기 시작했다. 바로 유니클로의 첫 번째 메가히트상품인 '플리스' 붐이 그것이다. 1998년 첫 출시 후 200만 장 판매했던 플리스를 ABC개혁 이듬해인 1999년에는 850만 장을 판매할 수 있었다. 당초 계획은 600만 장이었지만 시장 반응에 따라 빠르게 계획을 수정해 250만 장을 초과 달성한 것이다. 더욱 놀라운 성과는 2000년에 달성한 2,600만 장이라는 경이적인 판매량이었다. 당초 계획은 1,200만 장이었다. 계획보다 무려 2배 이상을 달성한 것이다.

매출 또한 급상승했다. 1998년에 831억 엔이었던 매출은 ABC 개혁 덕분에 1999년 8월 결산 때는 1,110억 엔, 2000년 8월 결산 때는 전년보다 2배로 급상승해 2,289억 엔을 돌파했다. 2001년 8월 결산에서는 4,186억 엔 매출에 경상이익 1,032억 엔으로 그 야말로 폭발적인 성장을 보였다. 개혁과 시스템 구축으로 유니클로는 ABC개혁을 통해 모든 임직원들이 얼마만큼 높은 수준으로 발전했는지 잘 보여주는 대목이다.

"계획보다 많이 팔려 생산량이 따라가지 못해 생기는 공급 부족, 품절과 같은 기회손실이 아직도 많습니다. 우리의 개혁에는 끝이 없습니다."

야나이 사장이 이 말처럼 유니클로의 ABC개혁은 여전히 진행 중이다.

Part 2

스스로
일하게
도와주고
키워주는
회사

6 '전사전원경영'으로 구성원 모두에게 경영자 마인드를

유니클로의 임직원은 가장 선진적으로, 그리고 경영자의 의식을 가지고 일한다는 원칙을 가지고 있다. 이런 사람들이 마음껏 일하도록 기회를 열어주고 지원하는 것을 목표로 혁신을 멈추지 않는다.

"유니클로의 목표는 '글로벌 No.1'이 되는 것입니다. 우선, 유니클로에서 일하는 모든 사람들은 '세계 최고 수준의 일을 해낼 수 있는 인재'에 도전해야 합니다."

유니클로가 원하는 인재상에 대한 인사부 인재채용팀 리더의 답이다. 유니클로가 어떤 인재를 원하는지 압축해서 잘 보여준다. 유니클로는 발을 반만 담가보고 좋은 회사인지 아닌지를 보는, 이른바 싹수가 노란 사람은 처음부터 사절이다. 회사와 운명을 같이 하겠다는 강한 의지를 가진 사람들을 모아 제대로 키우기 위함이다. 이번에는 그룹 집행임원을 지내고 지금은 지유GU 브랜드를 이끌고 있는 유노키 오사무의 말을 들어보자. 그는 유니클로만의 인재교육에 대해 다음과 같이 말한다.

"유니클로에 입사하면 사회인으로서의 기초에 대한 교육과 관리자교육을 동시에 받게 됩니다. 보통의 회사들은 채용 후 기초교육과 실무교육을 시킵니다. 그 후에 시간이 지나고 경력이 쌓이면 관리자 과정을 진행하는 것이 보통이죠. 하지만 유니클로는 이것을 입사하면서 동시에 진행한다는 것입니다. 유니클로는 각 매장을 독립운영체로 보고 점장이 책임지고 운영하는 형태입니다. 그런 개념에서 점장을 미래의 경영자 후보로 여기고, 사회인으로서의 학습과 함께 관리자로서의 학습을 아주 빠른 속도로 진행하고 있는 것입니다."

야나이 사장의 말을 들어보면 왜 이러한 교육을 실시하는지 이해할 수 있을 것이다.

"단지 커리어를 쌓을 목적이라면 유니클로에 오지 마십시오. 우리는 '전사전원경영'을 캐치프레이즈로 내세우고 있습니다. 경영진만이 아니라 임원, 관리직 그리고 매장의 판매직원까지도 전원경영입니다. 새로운 가치를 만들어 고객창조를 하는 것이죠. 그렇게 하지 않으면 살아남을 수 없습니다. 회사, 개인 그리고 사회에 대한 이로운 꿈과 사명감을 가지고 출발해야 합니다. 제대로 된 인재는 회사와 사회를 위해 공헌하고 싶어 하기 마련입니다. 그래서 자신은 어떻게 해야 하는지 마음속으로 생각합니다. 그런 생각을 가지지 않으면 자신도, 회사도 변하지 않습니다. 유니클로가 잘 나가니 이곳에서 단지 커리어를 쌓기 위해 일하겠다는 사람은 자격이 없습니다. 사람들은 그런 리더를 따르지 않습니다. 다시 말해서, 자신만을 위해서 일하는 리더는 필요 없다는 말입니다. 특히, '유능하다'는 평을 듣는 젊은 사람들이 그런 착각을 많이 합니다. 저는 이런 조언을 하고 싶습니다. 끊임없이 자기부정을 해야만 합니다."

스펙보다 스피드와 실행력, 절실함이 먼저다

야나이 사장은 '자기부정'을 할 줄 아는 인재를 원한다. 여기서 자기부정이란 스스로에게 상처를 주는 행위나 자괴감을 말하는 것이 아니다. '이대로는 만족할 수 없다', '더 나아질 수 있다'는 자신감에서 비롯되는 것이다. 그래서 직원을 뽑을 때 각종 자격증이나 어학실력은 중요하게 여기지 않는다. 실전에서 어떤 역할을 할 수 있는지, 협업 시스템에 얼마나 열심히 참여하는지, 조직의 성과를 끌어올리기 위해 어떤 노력을 하는지 등 팀원으로서의 진정성을 우선시한다. 일에 대한 애정이 없거나 직장에 대한 충성도가 없는 사람은 '빛 좋은 개살구'라는 말에 충격을 받고 나가떨어질 게 뻔하기 때문이다.

실행력 없이 자격증만으로 해결할 수 있는 일은 없다. 학위나 학벌만 가지고 승패가 결정된다면 인생은 20대까지밖에 없다. 인생은 항상 뒤바뀔 수 있다는 것을 받아들여야 비즈니스 정글에서 살아남을 가능성이 높아진다. 그래야 발전하고 성장할 수 있다. 우선 머리에 든 지식이나 자신이 가진 자격증으로 문제를 해결하겠다는 의식부터 바꿔야 한다. 야나이 사장은 특히 젊고 똑똑한 사람들이 그런 생각을 하는 경우가 많다고 지적한다. 이런 사람들은 밑바닥부터 철저히 익히고, 현장에서 돌아가는 것들을 디테일하게 몸으로 느끼는 적극성과 동료들의 일을 이해하고 전체적인 현실감각을 익히려는 노력이 부족하기 때문이다.

1990년대 말 유니클로는 '사장, 임원 모집' 광고를 냈다. 당시 급성장하는 상황에서 진정한 리더로 솔선수범하면서 자신의 지휘능력과 경영능력을 발휘할 인재를 찾기 위해서였다. 광고를 내자 세계적인 다국적기업과 컨설팅기업 등에서 근무했던 우수한 인재들이 모여들었다. 하지만 면밀히 따져보니 이들은 유니클로가 원하는 인재와는 거리가 멀었다. 임원직은 신분과 대우가 보장된 자리라고 착각하는 사람들이 대부분이었다. 그런 사람들에 대한 야나이 사장의 생각은 단호했다.

"임원이든 일반 직원이든 기대하는 능력에 맞는 역할을 해야 합니다. 직장은 '좋은 게 좋은 것'이라는 식의 늘어진 조직이 되면 안 됩니다. 환경이 급변하고 있기 때문에 그 속에서 제대로 실력을 발휘할 수 있는 방법은 그에 어울리게 변화를 단행하는 것입니다. 그런 인물이 시대를 얻을 수 있습니다."

회사라는 조직의 목적은 계획한 사업을 수행하는 데 있다. 다시 말해서 일을 하기 위해서, 즉 서비스나 고객창출을 위해 만들어진 것이다. 조직은 어느 정도 시간이 지나면 형식화되고 매너리즘에 빠지는 안락한 성역화로 변질되기 마련이다. 일을 더 잘하려면 계속해서 조직을 개편해야 한다. 실속과 내용은 없고 모양뿐인 조직으로 전락하면 안 된다. 모든 구성원이 지식과 경험치를 공유하면서 시너지를 낼 수 있는 조직으로 계속해서 개선해나가야 한다.

야나이 사장은 전체에 묻어가려는 사람에 대해 엄격한 일터를 만들어 개인들이 실질적으로 성장할 수 있는 조직을 만들고자 한다.

"일하는 사람은 눈앞의 일만 봐서는 안 됩니다. 그렇게 되면 스피드가 없고 실행력이 없는 사람이 되고 맙니다. 일이라는 것은 바로 눈앞에 있는 것은 물론이고, 1주 후나 1달 후에 있을 일도 해야 합니다. 앞으로 3년간 어떤 일을 해야 하는지를 생각하기 위해서는 리더의 방침이나 동료의 생각도 볼 수 있어야 합니다. 문제는 그런 것에는 흥미가 없는 사람들이 있다는 것입니다. 그런 사람일수록 자신이 어떻게 하고 있는지 스스로 진단해보려 하지 않죠. 회사가 자동적으로 돌아가고 있다고 착각합니다. 당치도 않은 생각입니다."

스피드와 실행력이 약한 사람들은 대부분 선임자나 주위 사람들이 무슨 생각을 하면서 일하는지 관심이 없다. 자기 일만 한다. 동료와 협업하기보다는 평가만 한다. 다른 사람에게는 엄격하지만 자기 자신에게는 관대하다.

다른 사람의 생각을 살피는 사람은 자신이 일하는 모습을 늘 점검한다. 전체적으로 일이 돌아가는 것에 자신의 포지션을 맞춰 일을 찾는다. 시키는 대로 일하는 게 아니라 자신과 자기의 일을 경영한다. 그런 사람은 쉽게 '안 된다'고 말하거나 불평불만을 내뱉지 않는다. '이대로 좋은가', '어떻게 개선하면 좋을까', '더 좋은 방법은 없을까' 하며 항상 고민하고 생각하기 때문이다. 이런 사람은 일에 대한 스피드가 다르다. 기회와 위기가 오고 가는 것을 감지하면서 실행력을 키우기 위해 남다른 생각을 한다. 실행력이 늦어지면 기회는 멀어지고 반대로 위기가 가까이 온다는 것을 잘 알고 있기 때문이다.

전문지식을 배우고 지식을 쌓는 것과 창조적이고 생산적인 작업을 하는 비즈니스 정글은 완전히 다르다. 그래서 제대로 된 조직에서는 고졸자나 대졸자, 석·박사도 똑같이 처음부터 다시 배워야만 한다.

전문지식이나 어학실력 같은 것은 일을 하기 위한 도구에 불과하다. 항상 부족하기 때문에 끊임없이 갈고닦아야 할 것들이다. 마음가짐을 바르게 하고 일에 대한 열정과 기본 체력이 있다면 얼마든지 습득할 수 있다. 배울 기회도 많고 마음만 먹으면 압축학습도 가능하다. 비즈니스 현장에서 치열하게 일하다 보면 점수를 위한 공부가 얼마나 쓸모없는지 알게 된다. 그리고 실력을 연마하기 위한 진정한 학습에 눈뜨게 된다. 대학에서 4년 동안 배우는 전문지식도 현장에서 당장 필요하다는 '절박함'이나 '절실함'을 느끼면 6개월 만에도 소화해낼 수 있다.

유니클로 인재채용 담당자들이 자격증이나 성적이 아니라 장래성과 가능성을 보고 뽑는 이유가 바로 여기에 있다. 큰 꿈과 포부를 가지고 배움에 목말라하는 사람, 사람 됨됨이의 중요성을 인지하고, 다른 사람과 화합하고, 이끌고 참여시킬 수 있는 리더십을 발휘하고자 하는 사람. 그런 사람일수록 더 큰 가능성을 가지고 있기 마련이다.

꼬리가 몸통을 흔드는 '왝더독' 정신이 있는가?

유니클로 싱가포르 대표를 지내고 지유 브랜드에 부사장으로 합류한 오노구치 사토시는 1996년 대학 졸업 후 유니클로에 입사했다. 대학 시절 그는 학비 마련을 위해 밤낮을 가리지 않고 아르바이트를 했다. 졸업을 앞두고 취업설명회에 참가했을 당시 10개 회사 중 한 군데는 전혀 접해보지 못한 생소한 회사였다. '완전실력주의'를 추구하고, 젊어도 노력하면 점장이 될 수 있으며, 실적에 따라 월급이 올라간다는 이야기에 귀가 솔깃해졌다. 오노구치는 '이 회사에 들어가 열심히 일하면 지긋지긋한 가난의 굴레에서 벗어날 수 있지 않을까'라고 생각했다고 한다. 그 생소했던 회사가 바로 유니클로다.

"1996년 수도권 매장에서 처음 일을 시작했습니다. 과연 이 일이 내게 맞는지 어떤지 생각할 여유도 없이 그저 열심히 했습니다. 점장을 목표로 들어왔지만 사실 그곳에는 여러 가지 문제점이 있었습니다. 직원관리나 매장운영이 제대로 안 되었을 뿐만 아니라 주변 환경도 좋지 않아 매출도 낮았습니다. 그래서 그만두려는 사람들이 많았고 나 또한 매일 고민에 휩싸였습니다. '직원으로서 무엇을 해야 할까', '어떻게 하면 동료들이 활력 넘치게 일할 수 있을까', '어떻게 하면 더 좋은 매장을 만들 수 있을까' 하며 계속 궁리하다 보니 하나둘 개선책들이 떠올랐고, 그때마다 바로 행동으로 옮겼습니다. 생각해보면 단기간에 점장이 될 수 있었던 것은 지독하게 장사가 안 되던 그곳에서 내 일처럼 머리에 쥐가 나도록 고민한 덕분이었습니다."

오노구치는 이렇게 회상하며 자신의 노력으로 매장 전체가 변해가는 모습을 보는 것이 정말 즐거웠다고 했다. 첫 매장에서 반년 정도 일한 뒤 다른 곳으로 옮겼고, 마침내 점장으로 승진할 수 있었다. 형언할 수 없는 큰 기쁨이었지만, 그 기쁨을 누릴 새도 없이 곧바로 연말연시를 맞아 정신없이 일했다. 그는 자신의 능력을 최대한 발휘하겠다는 생각으로 일에 열중했고, 이후에는 매출이 더 큰 매장으로 옮겼다. 그곳에서 또다시 고민은 시작됐다. 혹시라도 매출이 떨어지면 생각하고 또 생각했다.

점장 다음 단계로 기다리던 것은 지역 매장과 점장들의 성공을 지원하는 슈퍼바이저 역할이었다. 오노구치는 사실 슈퍼바이저는 잘 할 자신이 없었다고 한다. 10명 남짓한 직원을 이끌던 작은 매장의 점장이었는데, 5~6개의 매장을 동시에 관리해야 한다고 생각하니 막연한 불안감부터 들었다. 안정을 찾지 못하고 힘들어하다 결국 이듬해 봄 시즌 중에 사직서를 제출하고 말았다. 주위에서 격려를 해주었지만 미래에 대한 불안감을 떨쳐버릴 수 없었기 때문이다.

퇴직일이 가까워졌을 무렵인 입사 2년차 여름, 처음 근무했던 매장을 담당했던 슈퍼바이저가 찾아왔다. 그 사람은 '그만두지 마라'든지 '계속 근무하는 것이 좋다'는 식의 말은 전혀 하지 않았다. 선배는 그냥 그의 이야기를 들어줄 뿐이었다. '앞으로 어떻게 할 것인지', '저축은 어느 정도 해두었는지' 등의 몇 가지 질문을 했을 뿐 나머지는 일상적인 대화였다. 그는 오노구치가 막 입사했을 때 '이런 목표를 가지고 있고, 이런 점장이 되고 싶다'고 자신에게 말했다며 입사 초기에 나눴던 이야기들을 아주 구체적인 것까지 기억해 다시 들려줬다.

오노구치는 이런 대화 속에서 '내가 왜 고민했는가'라는 생각을 가지면서 답답했던 마음이 풀리고 가벼워졌다. 마음속에 있던 '미래에 대한 막연한 불안'이나 '새로운 환경에 잘 적응할 수 있을까'에 대한 부담감, 답답함 등이 안개 걷히듯 사라짐을 느꼈다고 했다. 헤어질 때 그 상사는 만약 조금이라도 미련이 있다면 꼭 연락을 하라는 말을 남겼다. 너무나 다행스럽다고 생각한 오노구치는 다음날 아침 바로 연락을 했다.

단 하루밖에 지나지 않았다. 하지만 그 사이 점장 자리는 이미 다른 사람의 몫이 되어있었다. 오노구치는 점장 자리를 잃었지만 실망하지 않았고, '그래, 처음부터 다시 출발하는 거다'라며 각오를 다졌다. 때마침 유니클로는 사업 다각화를 위한 신규 브랜드로 패미클로와 스포클로를 런칭한 상황이었고, 다행히 패미클로의 지방 점장으로 갈 수 있었다. 결과적으로 두 브랜드는 실패로 끝나 매장도 폐쇄되고 다시 자리를 잃었지만, 그곳에서 보낸 6개월이라는 시간은 귀중한 경험이 되었다. 그는 당시의 경험에 대해 이렇게 말했다.

"지금까지 나의 유니클로 인생에서 가장 판매 실적이 저조한 매장이었습니다. 정말 지독하게도 장사가 안 됐습니다. 출근해서는 내내 '어떻게 하면 고객이 찾고 싶어 할까', '고객들의 지갑을 열려면 어떻게 해야 할까'와 같은 생각만 했습니다. 필사적으로 고민했던 당시의 경험이 오늘날의 나를 있게 했습니다."

오노구치는 이렇게 끊임없이 긴장감을 늦추지 않고 고민을 계속하면서 해결책을 찾았다. 매장을 살리고 고객을 늘려야 한다는 생각이 늘 머릿속을 떠나지 않았다. 이때의 고민과 경험은 매출이 좋은 매장으로 옮겼을 때 큰 도움이 됐다. 실적이 좋은 매장에서만 일하다 보면 장사의 본질을 망각하게 된다. 고민하고 생각하면서 시도하면 변화가 일어난다는 것을 깨달아야 한다.

유니클로를 이야기할 때 하라주쿠 매장을 빼놓을 수 없다. 이곳은 유니클로의 도심형 매장이 급속히 늘어나는 시작 역할을 했다. 오노구치가 하라주쿠 매장을 맡았을 때에는 도심형 매장이 없었다. 당시 하라주쿠점은 새로운 시도를 많이 했다. 그 결과 유니클로 매장 관리 측면에서 여러 가지 새로운 방식이 도입되었다.

당시 하라주쿠 매장은 3개 층을 운영해야 했다. 계단을 통해 창고와 각 층을 오르내리며 상황을 파악하는 게 가장 힘들었다. 신속한 의사전달과 협업 강화를 위해 리시버를 귀에 꽂는 휴대용 무선통화기를 이용했다. 이때 처음 시도한 무선통화기는 모든 유니클로 매장에서 이용하는 기본적인 시스템이 되었다.

손수건이나 양말을 구입하는 고객을 위해 다른 크기의 쇼핑백을 만들자는 제안을 했다. 하지만 본부는 하라주쿠 매장만을 위해 쇼핑백을 추가로 만들 수 없다는 답변을 보내왔다. 오노구치는 휴일에 직원들과 함께 여러 다른 브랜드 매장의 실태를 조사하고 설문조사를 해 본부에 의견을 다시 전달했다. 결국 쇼핑백 추가 제작 제안은 받아들여졌다.

하라주쿠 매장을 시작으로 한 가장 큰 변화는 매장 크기나 매출에 따라 근무자수를 결정했던 개념을 바꾼 일이다. 매장의 크기, 매출뿐만 아니라 방문하는 고객수에 따라 근무자와 인건비 확대도 필요하다는 개념을 정립했다.

당시 교외 매장의 경우 구매율이 80%에 달했지만 도심인 하라주쿠 매장은 달랐다. 매장에 들른 고객들은 유니클로만 보려고 하라주쿠에 나온 것이 아니기 때문이다. 구경만 하고 돌아간 고객들의 숫자가 교외 매장들과 엄청난 차이가 있었다. 이것이 문제였다.

구매를 하지 않더라도 매장에 들어오는 고객은 일일이 응대를 해야 한다. 고객이 이것저것 상품을 펼쳐보면 직원들이 다시 정리해야 한다. 다른 매장에 비해 작업량이 2~3배에 이르렀고 그러다 보니 직원이 더 필요했다. 결국 교외 매장보다 매출 대비, 매장 규모 대비 인건비의 비중이 높아질 수밖에 없었다. 매장을 중심으로 마케팅 행사를 강화했기에 더더욱 그랬다.

어떻게 하면 이런 실상을 정확히 전달할 수 있을지 고민하던 오노구치는 일주일간 휴가를 내고 매일 매장 밖에 앉아 카운터버튼을 누르며 방문 고객수를 파악했다. 구매를 한 고객은 POS시스템에 기록이 남으니 그 수를 빼면 구매를 하지 않고 돌아간 방문 고객수가 된다. 그렇게 분석한 결과 구매율은 20%밖에 되지 않았다.

오노구치는 야나이 사장을 직접 찾아갔다. 자신이 분석한 데이터를 보여주며 근무자를 늘려야 한다고 주장했다. 이에 대한 야나이 사장의 답변은 단호했다.

"그렇다면, 그냥 돌아가는 그 사람들도 구매로 연결되도록 만드는 것은 어떤가?"

'아, 사게끔 만들면 되겠구나'라며 납득하고 돌아왔지만 해결방법을 찾기는 쉽지 않았다. 매일 직원들과 머리를 맞대고 고심했다.

'그냥 돌아가는 고객들이 즐겁게 구매하기 위해서는 어떻게 해야 할까?'

그는 본부에서 인정해주지 않는다고 결코 포기하지 않았다. 다시 휴가를 냈다. 이번에는 더 구체적으로 고객층과 구매패턴을 분석했다. 객단가와 스타일, 반응과 대화까지 정리해 본부로 다시 보냈다. 고객들의 소비패턴과 고객들의 요청사항이 신속하게 전달됐다. 그러자 본부도 생각을 바꾸기 시작했다. 이 사례는 인건비를 책정하는 새로운 방법을 도입하는 계기가 됐고 결국 규정이 바뀌었다.

오노구치는 이 일을 계기로 '아무리 내 생각이 옳더라도 그냥 알아주지 않는다'는 것을 깨달았다. 후배들에게도 상부의 지시만 기다리지 말고 옳다고 생각되는 것은 끝까지 노력해 바르게 바꿀 수 있는 정신적 무장이 필요하다고 항상 강조한다.

대부분의 조직은 이른바 톱다운 방식으로 움직인다. 하지만, 이 방식에 의존하는 조직은 아래로 내려갈수록 활력이 떨어진다. 아랫사람들은 자신의 능력을 발휘할 기회가 없다는 생각이 팽배하기 때문이다. 이런 조직은 결국 활력을 잃고 좌초하는 경우가 많다. 움직이는 사람은 부족한데 지시하는 사람들만 많아지다 보니 조직이 너무 무겁고 버거워지기 때문이다. 그런데 의외로, 윗사람이나 권한을 가진 중심이 먼저 움직이지 않으면 아무것도 할 수 없다는 생각을 가지고 있는 실무자들이 많다. 이런 사람들은 모든 잘못을 윗사람, 리더, 동료들의 책임으로 몰아가기 쉽다. 결국 내가 할 수 있는 일이 아무것도 없으니 맥이 빠질 수밖에.

비즈니스 정글에서는 나름대로 열심히 해도 성과 면에서 그다지 차이가 없을 때도 많다. 남들도 다 열심히 하고 있기 때문이다. 남들과 차이가 보일 정도의 성과를 내기 위해서는 그야말로 남다른 각오와 끝까지 포기하지 않는 우직함이 필요하다. '남들도 할 수 있는 노력, 누구나 할 수 있는 노력은 노력이 아니다'는 말이 있다. 남들만큼 해서는 눈에 띄지 않는다.

오노구치 같은 한두 사람의 활동이 거대한 조직을 움직이고 살릴 수 있다. 꼬리가 몸통을 흔들어 깨우는 이른바 '왝더독wag the dog' 정신이다. 작은 꼬리로 몸통을 흔든다고 생각해보라. 아래에서부터 리더를 움직이고 조직에 활력을 불어넣을 생각으로 열심히 일하더라도 처음에는 끄떡도 하지 않을 것이다. 처음에는 아무리 흔들어도 반응이 없을 것이다. 드디어 눈을 지그시 떴다가도 "말도 안 되는 소리!"라며 눈꺼풀을 다시 닫아버릴 수도 있다.

왝더독 정신은 하의상달의 한 형태로, 직원들이 이런 정신을 가지면 성공할 확률이 높고 성과도 크다. 왜냐하면 실무자가 끝까지 책임질 각오로 일하기 때문이다. 상명하달에 익숙해지면 반드시 지시를 받아야만 움직이므로 자칫 마지못해 일하는 꼴이 될 수 있다. 상명하달 형태이더라도 하의상달 형태로 올라온 일들을 지원하는 방식으로 이뤄진다면 업무의 스피드가 올라가 속도전에서 유리할 수 있다. 이는 '내가 변하면 조직이 변하고, 회사가 변하고, 가정이 변하고, 내 주변이 변하면서 결국 내 인생이 변한다'는 생각, 그런 정신이다.

개혁은 찻잔 속 태풍으로 그쳐서도 안 되고, 지나가는 바람처럼 사라져서도 안 된다. 지각변동을 일으키고 조직을 성장시켜 결국 개선하는 것이다. 왝더독 정신이 통하는 회사, 왝더독 정신으로 책임지고 일을 해내는 인재들이 많은 회사가 결국 살아남는다.

여성 리더를 키우는 유니클로만의 특별한 방법

유니클로에는 이른바 밑바닥에서 시작해 리더까지 성장한 여성 인재가 있다. 쓰지타 도모코가 그 주인공이다. 그녀는 1995년 아르바이트 직원으로 유니클로에서 일을 시작했다. 3년이 지난 1998년 7월, 점장으로 승격했고 2002년 3월에는 여성으로는 처음으로 슈퍼바이저가 됐다.

2004년 3월에 열린 '점장컨벤션'에서 여성 점장 3명이 '여성이 더 활약할 수 있는 회사로 만드는 것이 바람직하다'는 제안을 했다. 그해 9월, 이것이 계기가 되어 '여성 리더를 육성해야 하고, 여성도 실력을 발휘할 수 있는 기업이 되어야 한다'는 생각에 공감한 여성 점장들을 중심으로 쓰지타와 함께 '여성 점장 프로젝트'를 자발적으로 시작했다. 그 후 12월에는 회사에서도 '여성 커리어 추진실'을 발족해 체계적으로 지원하기 시작했다. 쓰지타는 한 인터뷰에서 이렇게 말했다.

"유니클로는 남성적인 조직으로 급성장해왔습니다. 앞으로 회사의 성장과 사업의 확대, 글로벌 기업으로 나아가기 위해서는 여성의 활동이 왕성한 문화 조성이 중요하다고 생각합니다."

여성 커리어 추진실은 프로의식이 있는 여성 직원을 육성하는 것이 진정한 과제라고 생각했다. 이와 관련해 쓰지타는 여성 직원들의 문제로 '책임을 져야 하거나 문제가 있는 일에는 소극적이고, 회피하기에 바쁘다'는 점을 같은 여성으로서 제기했다. 그리고 여성이라고 특별대우를 하면 나약해질 수 있다고 판단했다. 그래서 남성을 기준으로 목표를 설정하는 것이 아닌, '여성만의 장점을 살려 여성답게 잘할 수 있는 인재양성'을 목표로 삼았다. '남성다운 CEO가 있다면, 여성다운 CEO도 절반은 필요하다'는 인식 아래 새로운 방향을 모색하기 시작했다.

야나이 사장은 우수한 여성 직원이 상대적으로 능력이 뒤처지는 남성 직원과 결혼했을 때 남성이 아니라 여성이 퇴사하는 것을 보고 매우 안타깝게 생각하고 있었다. 여성 커리어 추진실을 이끌었던 쓰지타는 당시 상황을 다음과 같이 설명했다.

"여성 점장 프로젝트를 시작할 당시 주위에서 맹활약하는 여성은, 장시간 근무나 휴일 출근 혹은 전근에도 싫은 기색 없이 남성들 못지않게 일할 수 있는 독신이 대부분이었습니다. 여성은 결혼하면 퇴직해야 한다는 암묵적인 룰이 있었기 때문이죠. 의욕이 있어도 일을 계속하기 어려웠습니다."

쓰지타는 여성이 점장이 되는 것을 넘어 기혼여성도 점장으로 계속해서 활동할 수 있는 방법을 고민했다. 이런 고민의 결과로 근무시간을 조정하고 거주지 인근에서 점장 활동을 할 수 있도록 개선 방안을 마련했다. 근무시간이 조정된 후 처음에는 자신의 실력을 발휘하고 싶다거나 더 근무하면서 매장을 책임져야 한다는 생각에 늦게까지 근무하는 이들도 물론 있었다. 근무시간 조정과 매장 운영관리의 개선은 여성뿐만 아니라 남성에게도 적용되었다. 결국 이런 시도는 남녀를 막론하고 능력 있는 미래의 점장을 육성하는 기회가 되었다. 개인은 물론이고 전체 조직 측면에서 좋은 결과였다.

이와 함께 제도를 보완할 새로운 직책도 만들었다. 전국 단위로 큰 지역을 책임지는 '블록리더'를 양성하기 시작한 것이다. 그리고 매장에는 점장 부재 시 업무를 대행할 수 있는 '점장대리'도 신설했다. 예상하지 못한 문제들도 하나씩 해결해가면서 점차 발전했다. 이런 변화 덕분에, '점장이 없으면 운영이 어렵다'거나 '점장이 없으면 매출이 떨어진다'는 우려는 현실에서 나타나지 않았다. 이에 따라 '주말이나 손님이 많을 때는 당연히 점장이 근무하고 있어야 한다'는 인식도 바뀔 수 있었다. 유니클로의 표준적인 매장 운영의 수준이 그만큼 높아졌다는 방증이기도 했다. 이 점장대리 제도는 궁극적으로 미래의 점장을 육성하는 목적을 가지고 있다.

여성 점장들의 의식 함양과 사고의 폭을 높이기 위해 2005년부터 '여성포럼'을 시작했다. 여기에는 남성도 참가하도록 해 남성 슈퍼바이저가 강연을 하고 질문을 받는 형태로도 진행했다. 이 행사가 활발해지면서 블록리더들도 참여하게 되었다. 적극적으로 참여했던 지역에서는 좋은 성과로 나타났고, 매장에는 새로운 활력이 넘쳐났다.

매장 운영관리에 관한 매뉴얼을 활용하며 발견한 개선점은 새로이 추가하면서 계속해서 그 수준을 높여갔다. 그리고 실무에서의 이행 수준도 높였다. 매뉴얼이 처음에는 익숙하지 않아 위화감도 있었고 실행하기 위한 인력 부족 문제도 있었다. 하지만 지속적인 토론과 역할분담을 통해 직원들의 역량을 키웠다. 협업 시스템도 강화할 수 있다는 믿음을 갖게 되면서 탄력이 붙었다.

2004년 여성 점장 프로젝트를 시작하기 전에는 120명의 여성 점장이 있었다. 프로젝트 시행 1년 6개월 정도가 지난 후에는 145명으로 늘어났다. 또한 기혼여성 점장도 급속하게 늘었다. 프로젝트 추진 전에는 단 1명뿐이던 기혼여성 점장이, 2006년에는 20명으로 큰 폭의 증가세를 보였다. 여성 점장 프로젝트 추진은 능력 있는 여성들이 회사를 떠나지 않고 남을 수 있도록 하는 데 큰 역할을 했다. 결혼으로 휴직을 했던 여성들이 복직하거나 육아휴직을 사용하는 사례도 늘었다. 당시의 변화에 대한 인터뷰를 보면 직원들이 얼마나 만족하고 있는지 알 수 있다.

"추가근무 없이 하루 8~9시간만 일하고 주말에는 마음 편히 쉴 수 있는 조직으로 새롭게 탄생했습니다. 기혼여성들은 일을 하면서도 아이들의 운동회와 부모 참관수업에도 참여할 수 있게 됐습니다. 상품과 서비스를 제공하는 우리들도 고객과 같은 생활을 할 수 있어야 한다고 생각한 것이죠. 사회가 돌아가는 것을 피부로 느끼게 되면서 많은 아이디어들을 얻을 수 있었습니다. 이 아이디어들을 업무에 적용하고 또 제안하면서 성장할 수 있었습니다. 일에 대한 애착과 회사에 대한 충성도가 높아진 것은 물론입니다.

이러한 변화는 개인과 회사뿐만 아니라 우리 사회에도 매우 이로운 것임에 틀림없다고 생각합니다. 내가 쉬는 날은 동료가 대신해 일한다는 생각에 협력의식도 높아졌습니다."

아무리 좋은 프로그램이라 할지라도 도입 초기에는 여러 가지 현실적인 문제들과 부딪히게 마련이다. 그러다보면 '역시 우리에게는 맞지 않다'며 포기하는 경우가 많이 생긴다. 하지만 성장하는 조직은 다르다. 그들은 '우리에게 최적화할 때까지'라는 끈기와 지속성을 유지하며 프로그램을 개선하고 발전시켜 결국에는 정착시킨다.

자발적으로 시작한 '여성 점장 프로젝트'와 '여성 커리어 추진실'은 유니클로 성장의 새로운 원동력이 됐다. 쓰지타가 주도한 이 프로젝트는 '현장 중심의 자발적 시작', '주도적으로 학습하고 발전하려는 개인들의 의지', '프로젝트 진행을 위한 자발적인 동참', '회사의 적극적인 지원'이 있었기에 성공할 수 있었다.

유니클로가 가장 먼저 유연근무제를 활용해 다양한 형태의 정직원 제도를 갖출 수 있었던 것도 이런 경험에서 왔다. 이런 제도를 만들어 가정이나 일 중에서 하나를 선택해야만 하는 '현실의 벽'을 넘을 수 있도록 도왔다. 결혼, 육아, 부모 간병 등의 이유로 그 지역을 벗어나 근무하기 힘든 직원들은 지역한정 정직원으로,

일정 시간 밖에 일을 할 수 없는 경우에는 하루 4시간 근무하는 형태의 시간한정 정직원으로 채용했다. 다른 해야 할 일들이 많은 사람들은 주 4일만 근무할 수도 있다. 물론 그러다 사정이 달라지면 전국 어디서든 근무할 수 있고, 해외로도 갈 수 있는 일반 정직원을 다시 선택할 수 있다. 이를 통해 유능한 인재들, 의욕적인 인재들이 개인적인 사정으로 일을 계속 할 수 없거나 경력이 단절되는 일이 없도록 했다.

능력 있는 동료들이 결혼 등으로 그만둬야 하는 안타까운 현실을 극복하려고 사내에서 자발적으로 시작했던 프로젝트였지만 여러 형태로 진화해 좋은 제도로 정착했다. 또한 유니클로의 유연한 채용제도는 일본의 기업문화 개선에 큰 영감을 줬고, 최근 일본정부가 추진하는 '일하는 방식의 개혁'에도 큰 영향을 미쳤다.

일하고 싶은 회사는 내 손으로 직접 만든다

플리스 붐이 사라지고 새로운 도약을 준비하면서 무작정 광고대행사에 광고를 맡기지 말고, 직접 아이덴티티를 만들 수 있는 회사를 만들어야 한다는 공감대가 생겼다. 홍보와 광고선전 능력을 갖추기 위해 외부 전문가들의 도움을 받아 내부에서 구체적으로 추진하기 시작했다.

2006년 8월, 유니클로는 혁신 중 하나로 '커뮤니케이션 개혁'을 목표로 웹 마케팅 강화에 전력투구하기로 했다. 당시 입사 2년차였던 가쓰베 겐타로가 "제가 하겠습니다."며 손을 들었다. 그는 2005년 '세계 제일의 크리에이티브 집단을 만들겠다'는 목표를 가지고 유니클로에 입사했었다.

가쓰베는 1998년 대학 졸업 뒤 은행과 벤츠에서 직장생활을 했다. 그리고 2001년부터 5년 정도 신생 은행에서 미디어, 신문, 잡지, 이벤트 등을 통한 마케팅을 담당했다. 당시에는 웹 프로모션은 경험하지 못했었다. 그런 상태에서 소비자와 더 가까운 곳에서 마케팅을 하고 싶어 2005년 유니클로로 이직했다. 그런 그가 웹을 통해 새로운 도전을 하겠다는 생각으로 손을 든 것이다. 경험은 없었지만, 자신은 있었다고 한다. 스스로 나선 길이니 절대 물러설 수도 없던 상황이었다. 그는 높은 수준을 꿈꾸는 사람, 높은 완성도를 목표로 하는 사람들을 만나려고 노력했다.

외부의 도움을 받아 유니클로믹스UNIQLO MIX라는 프로모션 사이트를 개설했다. 그곳에서 진행한 새로운 웹 커뮤니케이션이 점차 호평을 받으면서 같이 일하겠다는 사람들이 늘어났다. 작품이 성공을 거두자 '대단한 열정이다'며 칭찬이 쏟아졌다. 그때부터는 전사적인 협력을 구하기가 쉬워졌다. 야나이 사장도 가쓰베의 팀을 '신新미디어정보 발신팀'이라고 부르며 새로운 커뮤니케이션을 창조해줄 것을 주문했다.

유니클로는 원칙적으로 의사결정이 빠르다. 결재라인을 간소화했기 때문이다. 담당자가 창의성과 책임감을 가지고 일을 자발적으로 신속하게 추진하기 위해 위아래 층을 줄였다. 위로는 팀장 또는 부장, 그다음 단계는 집행임원 또는 사장이다. 사안에 따라 실무자는 경영진과 직접 이야기할 수 있는 구조로 만들었다. 사내 계층 구조를 간소화하고, 각 파트의 실무적 일들의 최종 의사결정의 대부분은 각 직무별 집행임원에게 맡겼다. 단계는 적어지고, 절차도 간소해졌다. 때로 속도를 내야 할 경우는 경영진에게 먼저 콘셉트에 대한 승인을 받고 구체적인 사안에 대해서는 사후승인을 받기도 한다.

가쓰베가 이끈 팀은 2007년 6월부터 '유니클락UNIQLOCK'이라는 독특한 온라인 광고를 시작했다. 영상에서는 유니클로 옷을 입은 여성들이 개성이 강한 춤을 추는 장면들이 이어진다. 시계 소리에 맞춰 화면이 계속해서 바뀐다. 이후 '월드. 유니클락WORLD. UNIQLOCK'도 만들어져 블로그를 통해 전 세계에 급속하게 확대되면서 세계적으로 화제를 모았다. 이것으로 세계적인 광고상을 휩쓸었다. 2008년 미국의 클리오 광고제CLIO AWARDS와 원쇼One Show에서 그랑프리를 획득했고, 2008년 6월 칸국제광고제에서 그랑프리를 수상했다.

'아무도 하지 않았던 것에 도전하겠다'고 나서서 이룬 성과였다. '새로운 길을 개척해 회사에 공헌한다'는 도전정신과 '일하고 싶은 회사를 만든다는 문화'가 낳은 결과였다.

자신의 일을 좋아하지 않고 자신이 속한 회사를 좋아하지 않는다면 아무도 하지 않은 것에 도전하기가 힘들다. 대개 열정과 애정이 없으면 새롭게 도전하는 위험한 길은 선택하지 않는다. 새로운 것을 시도하다가 잘못하면 상처를 받기 때문이다. 또한 도전을 하려면 의지도 강해야 하고 자신과 치열한 전투도 벌여야 한다. 아무도 가지 않은 길을 나서기 위해서는 주변의 반대라는 높은 장벽을 넘어야 하고, 다른 사람들이 납득할 수 있도록 자신을 희생해야 할지도 모른다.

가쓰베의 사례에서 볼 수 있듯, 유니클로는 구성원들이 책임감 있게 열정적으로 일을 만들어내면 계속해서 자기 책임 하에 일할 수 있는 곳이다. 그리고 회사에서도 지시나 코치, 지원이 필요한 인재를 벗어나 '위임을 해도 되는 인재'로 빨리 올라서도록 지원하고 있다. 위임을 할 수 있는 리더를 많이 키워내는 것이야말로 기업 성장의 지름길이다.

"당신 나이가 몇 살이야? 당신 경험 있어?"

이런 말은 변화하는 이 시대에는 중요하지 않고, 결코 통하지도 않는다. 반드시 해내겠다는 투지, '나는 이런 일에 미치고 싶다', '이렇게 할 수 있다'는 확실한 청사진을 내밀어 보여주는 인재에게는 과감하게 맡길 수 있는 경영, 그것이 선진경영이다.

영속적인 기업의 조건은 영속적으로 존재할 가치를 고객으로부터 인정받는 것이다. 고객에게 가치 있는 정보를 계속해서 전해줌과 동시에, 가치 있는 상품을 개발해 정당한 판매활동을 통해 적정 수준의 이익을 확보해야 한다. 그러면서 지금보다 더 좋은 상품과 서비스로 다가서겠다는 의지를 보여주면서 끝까지 신뢰를 줘야 한다. 이것이 가능하려면 '나는 무엇을 해야 하는가'라는 질문을 반복적으로 던져보고 해답을 찾아야 한다. 자신의 일을 제대로 이해하고, 지금 무엇을 위해 어떻게 해야 하는지를 인식해야 한다. 이는 자신의 일에 대한 '사명감'으로 이어진다.

새로운 조직에 몸담게 되면 '하루 빨리 인정받겠다'는 생각보다 '나는 이 조직에 어떻게 공헌할 것인가'부터 생각해야 한다. 아무리 업무적인 스킬이나 경험이 많더라도 조직의 발전에 공헌할 수 없으면 자격미달이다.

'그저 그런 식으로 일을 하면 된다'는 식으로 요령만 터득해서는 인정받기 어렵다. 특히 경력자들 중에는 임원에 올라 안락하고 안정된 지위를 보장받겠다는 생각을 가진 사람들이 많다. 이런 사람들은 '임원은 부하에게 지시만 하고, 자신은 부하를 평가하는 사람'이라는 착각에 빠지기 쉽다. 야나이 사장은 유니클로 입사를 희망하는 경력자들에게 다음과 같이 뼈있는 말을 던졌다.

"약간의 실적과 리더의 경험만으로 '이제는 지시만 하는 편한 자리에 올라보자'거나 '지금까지 고생했으니 이제는 즐겨보자'는 식으로 일하면 토사구팽 당할 수 있음을 말하고 싶습니다."

주어진 환경에 만족하고 안주하려 하지 말라는 말이다. 조직의 발전은 나의 발전에서부터 시작함을 명심하라. 멈추지 말고, 이정도면 됐다고 생각 말라. 도전하는 사람에게 더 크게 일할 수 있는 기회가 온다.

7

6개월 만에
책임자로 키우는
인재사관학교 유니클로

앞서가는 정책과 공정한 제도 그리고 성공을 향한 최첨단 시스템까지. 준비된 회사에 뛰어난 사람들은 모여들기 마련이다. 유니클로의 성공은 사람을 중심에 두는 경영철학이 바탕에 있다.

소비자는 기본적으로 상품이 좋으면 구매를 한다. 하지만 '상품은 좋은데, 거기서 일하는 사람들은 빵점'이라는 생각을 하기 시작하면 그때부터는 구매를 하지 않는다. 게다가 다른 사람들에게까지 '그곳 직원들은 몹쓸 사람들이더라'는 이야기까지 전하고 다닌다. 발 벗고 나서서 영업방해를 한다는 뜻이다. 다른 대안이 없어 어쩔 수 없이 구매를 하는 사람들도 물론 있겠지만, 그들 역시 언제든 떠날 준비를 하고 있다. 아무리 뛰어난 엘리트라도 사람 됨됨이가 제대로 몸에 익지 않았다면 성장은 멈추고 조직은 와해된다.

유니클로는 '고객은 상품이 아니라 회사의 사업하는 자세, 일하는 사람들의 자세를 보고 구매하고 있다'고 늘 생각해왔다. 그래서 직원 교육을 위해 1960년대 GE에서 시작한 '기업대학' 제도를 1990년대 중반부터 본격적으로 운영하고 있다. 유니클로의 탄생지인 야마구치 현에 위치한 이곳에서는 매장의 점장과 직원 교육, 임직원 연수, 점장 지원 연수, 승진 테스트, 패스트리테일링 대학 등을 운영하고 있다. 경영자 양성을 위해 국립대학교에 제안해 프로그램을 만들기도 했다. 그리고 유학 지원 프로그램도 운영한다.

교육에 투자하는 것은 기본기를 제대로 몸에 익히도록 하고, 고객에게 사랑받기 위한 것이다. 야나이 사장은 올바른 인재를 양성하는 것이야말로 그 무엇보다 가장 중요하다는 인식을 가지고 있었다. 2009년 봄, 그는 인재양성의 중요성을 강조하며 이렇게 선언했다.

"앞으로 더 많은 제대로 된 인재가 나올 수 있도록 직원들의 교육을 위해 수백억 엔을 투자하겠습니다."

유니클로는 기업을 운영하기 쉽지 않은 지방에서 출발했다. 가장 큰 어려움은 역시 인재 부족이었다. 이런 유니클로에 숨통이 트이기 시작한 때는 1994년 7월 히로시마 증권거래소에 상장하면서부터다. 그때부터 지방대학의 인재들이 들어오기 시작했다. 1997년 4월 도쿄 증권거래소 상장과 1998년 플리스 붐 이후 지원하는 인재가 늘었고, 정규 채용 인원도 급증했다. 이때 입사한 이들이 이제는 중견간부로 성장해 유니클로의 핵심적인 업무를 책임지고 있다. 이들은 유니클로에서 사회생활을 시작한 사람들로 유니클로의 철학을 밑바닥에서부터 철저하게 터득해온 사람들이다.

이런 과정을 겪어온 야나이 사장과 회사의 경영진은 미래의 경영자를 양성하기 위해 2009년부터 프로젝트를 본격적으로 시작했다. 먼저 회사와 일에 충성도가 높은 25~35세 정도의 젊은 직원 200명가량을 차세대 리더로 선발했다. 이들을 5년간 집중적으로 교육시키고, 10년 정도의 실무경험을 쌓게 한 뒤 40대에 들어서면 임원으로 기용할 계획에서 출발했다. 그 후 매년 진행하고 있다. 일본보다 해외의 매장이 더 많아진 지금은 매년 전 세계 각 지역에서 선발된 글로벌 인재들이 리더 양성 프로그램에 참여한다. 유니클로를 이끌 경영자를 세계 각국에서 육성하겠다는 프로젝트로 발전한 것이다. 유니클로 외에도 여러 브랜드와 자회사를 가지고 있는 패스트리테일링은 이러한 젊은 인재들에게 다양한 경영 기회를 주기 위한 목적이다. 인재들의 성장 없이는 회사가 클 수 없기 때문이다. 야나이 사장은 운동선수들도 젊었을 때 육성해야 실력 있는 프로선수로 성장할 수 있듯, 경영자도 젊었을 때부터 육성해야 한다는 생각을 가지고 있다. 회사의 성장과 함께 미래의 경영자를 육성하는 문화가 필요하다고 판단한 것이다.

인재들이 모이는 이유는 의외로 단순하다

많은 리더들이 젊은 인재들에 대해 다음과 같은 아쉬움을 토로하는 것을 보았다.

"머리는 따라줄지 모르겠지만 이상은 따라주지 못하는 것 같습니다."

"다양한 인재들이 들어오지만 하나같이 내일 일은 어떻게 될지 모른다는 식으로 일합니다."

"근무 조건은 열심히 따지면서 일은 건성건성 합니다. 인사하는 법조차 모르는 직원도 있습니다."

기업의 인사담당자들은 '조금 덜 똑똑해도 기본에 충실한 인재'를 채용하고 싶다고 말한다. 기업이 진정으로 원하는 인재는 '직업윤리를 잘 이해하고 숙지하며 의욕이 넘치는 사람'이다. 그러나 따지고 보면 기본을 제대로 가르치는 것도 기업의 책임이다. 야나이 사장은 인재 채용에 대해 다음과 같이 말한다.

"기업의 경영자들은 인재가 보이지 않는다고 이야기합니다. 하지만 그것은 잘못된 생각이라고 봅니다. 그리고 자기 회사에는 인재가 없다고 이야기하는 경영자도 많습니다. 그것 역시 잘못된 생각입니다. 그들은 인재를 구하려는 노력이 부족했거나, 아니면 그 회사 자체에 문제가 있다는 사실을 경영자부터가 모른다는 큰 문제를 공통적으로 가지고 있습니다."

야나이 사장은 대학을 졸업한 후 유통회사인 자스코Jusco(현재, 이온Aeon)에서 1년 정도 근무했다. 1972년, 부친으로부터 "이제부터는 네가 알아서 해라."는 말과 함께 '맨즈숍 오고리상사'를 넘겨받게 된다. 오고리상사는 부친이 1949년에 창업한 작은 양복점이다. 대기업인 자스코에 비하면 그곳에서는 열정과 활력이라고는 찾아볼 수 없었다. 꿈과 희망, 목표를 가진 직원은 보이지 않았고 다들 구태의연하게 일하고 있었다. 게다가 회사 운영은 불합리한 것으로 가득했다. 저품질의 원재료를 상대적으로 비싼 가격에 매입하고 있었고, 재고 파악에 대한 개념이 희박한데다 계획적인 판매 전략마저도 없었다. 천만 다행으로 적자를 내고 있는 것은 아니었지만, '이건 아니다'는 생각이 들었다.

새롭게 바꿔야 한다고 변화를 요구하자 "여태껏 잘해왔는데 잘 알지도 못하는 놈이 사장 아들이랍시고 사사건건 간섭한다."며 직원들의 불만이 극에 달했다. 그들이 보기에는 아무런 문제없이 몇십 년 동안 잘 일해 왔는데 자신들의 방식이 틀렸다고 하니 순순히 받아들일 수 없었던 것이다.

7명이던 직원도 2년 정도 지나자 단 1명만 남았다. 가장 오래 근무한 리더 격 직원이 그만둘 때도 부친은 한마디도 하지 않았다고 한다. '회사를 말아먹더라도 차라리 내가 살아 있는 동안에 실 컷 해봐라'는 태도였다.

'이제 다시는 돌이킬 수 없다. 나를 믿고 맡겨주신 이상 절대로 실패할 수 없다. 기필코 성공하겠다.'

야나이 사장의 가슴속에는 강한 의지와 열정이 불타올랐다. 황 당하기도 하고, 낯설기도 한 수많은 상황들을 온몸으로 부딪혀가 며 하나씩 극복해갔다. 진정한 '장사꾼'이 되기 위해 제대로 공부 를 시작한 셈이다. 이때 그는 '장사라는 게 제법 재미있는 일'이라 고 깨달았다고 한다. 그는 당시 상황을 이렇게 회상한다.

"매장의 정리정돈과 청소부터 시작해 상품의 조달과 가격결정, 디스플레이, 고객응대, 판매전략, 재고관리 그리고 회계정리에 이 르기까지 모든 일을 소화해야 했습니다. 다행히도 부친은 '네가 다 알아서 해라'는 식으로 모든 것을 믿고 맡겨주셨습니다. 아침 8시 가 되기 전부터 일을 시작해 밤 9시, 10시까지 일하고도 모자라 집에 돌아가서도 일해야 했죠. 사실 그런 시간이 내게는 엄청난 공부가 되었습니다. 그렇게 혼자 해보면서 사업의 진정한 매력을 느꼈습니다."

야나이 사장은 '경영자란 스스로 생각하고 행동하며 사업 전반 을 책임지는 것'이라고 이해하기 시작하면서 사업과 경영에 대해 조금씩 눈을 떴다. 그리고 '장사꾼에서 어떻게 탈피할 것인가'를 고민했다. 무엇보다 부친에게 물려받은 양복점에서 자신의 인생을 그럭저럭 보내기에는 자존심이 허락하지 않았다. 사실, 도쿄에서 대학을 나온 자신이 지방에서 이대로 썩는 것은 아닐까 하는 위기감도 들었기 때문이다.

그는 '좋은 회사란 어떤 회사인가', '좋은 회사가 되기 위해서는 무엇이 필요한가'에 대해 진지하게 고민하면서 관련 서적들을 닥치는 대로 모두 탐독했다. 그리고 여러 회사들의 경영 사례들을 공부했다. 매장과 직원이 늘어나면서 그들의 일하는 방식도 눈에 들어오기 시작했다. 개개인의 업무에는 문제가 없었지만, 각자의 사고방식과 일하는 방식이 달라 전체적인 효율이 떨어진다는 점이 문제였다. '협업'을 통해 성과를 내야 하는데 각자의 '이질성'이 지나치게 두드러지기도 했다.

서로 기분 좋게 협업하면서 성과를 극대화할 수 있는 일터를 만들려면 공통적인 기준에 대한 원칙이 필요했고 그래서 매뉴얼을 만들었다. 그리고 거기서 멈추지 않고 매뉴얼을 한층 더 높은 수준으로 끌어올리기로 했다. 매뉴얼에 의해 통제받는 것이 아니라, 그 위에서 실력을 제대로 발휘할 수 있는 인재를 양성하겠다는 계획도 함께 세웠다. 야나이 사장의 이러한 계획은 훗날 유니클로가 폭발적으로 성장하는 기반이 된다.

1984년에 유니클로 1호점을 오픈했을 때 야나이 사장은 마음에 드는 인재를 만났다. 대학 재학 중이던 아르바이트생이었다. 당시 학생들 과외교사도 겸하고 있어 일을 하기가 결코 쉽지 않았을 텐데 그 누구보다 열정적이었다. 그는 무엇보다 서비스 정신이 투철했다. 야나이 사장은 그를 불러 정식 직원으로 들어올 생각이 있는지 물었다. 하지만 그는 증권거래소 1부에 상장한 대기업에 원서를 내고 기다리는 중이라고 했다. 결국 그는 자신이 희망하던 회사에 입사했다. 이 일을 계기로 야나이 사장은 '유니클로를 유능한 인재들이 들어오고 싶어 하는 회사로 반드시 만들겠다'고 다짐했다. 시간이 지나 유니클로가 증권거래소 1부에 상장하게 되었다. 그러자 거짓말처럼 그때 그 아르바이트생이 유니클로에 입사했다.

회사를 키우려면 CEO는 먼저 낙후된 정책, 제도, 시스템부터 손을 봐야 한다. 좋은 인재들이 승선하고 싶은 조직을 만드는 작업이다. 규모에 따라 점차 선제적으로 그것들을 선진화시켜야 회사의 규모나 비전에 맞게 인재들이 수혈된다.

먼저 '어떻게 선진화 시켜야 하나'에 대해 리더들의 고민이 필요하다. 어딜 가든 좋은 인재들은 항상 부족하고, 그런 인재를 구하는 것도 쉽지 않다. 그런데 정책, 제도, 시스템들이 낙후돼 있으면 소위 인재를 어렵게 모셔와도 남아있질 않고 떠난다. 제법 일

잘하는 인재들까지 놓치는 조직은 대부분 그런 식으로 우를 범한다. 그런 문제를 해결하기 위해서는 역시 정책, 제도, 시스템을 먼저 뜯어 고칠 생각부터 해야 한다. 그런 일을 할 수 있는 인재들을 우선적으로 찾아 그들에게 권한을 줘서 같이 해결하는 방법이 좋다. CEO는 그들에게 방향성과 청사진을 주고, 그들이 직접 권한을 가지고 정책, 제도, 시스템들을 고칠 수 있게 챙기고 지원하는 방식이다.

유니클로가 그랬다. 그 중심에는 야나이 사장이 탐냈던 그 아르바이트생, 지금은 유니클로의 총무부장으로 일하고 있는 우에키 토시유키가 있다. 그는 야나이 사장의 '혁신을 중시하는 문화'라는 경영철학을 구현한 핵심인물 중 한 사람이다.

유니클로만의 독특한 인재 기준 3가지

'Change or Die'. 유니클로가 혁신을 멈추지 않는 이유다. 그 혁신의 방향은 '일하는 방식의 최첨단 지향'이다. 누가 와도 최고의 실력을 발휘할 수 있게 모두가 회사의 시스템을 책임지고 고치고, 일하는 방식이나 운영방식 등도 최첨단을 지향하자는 의미다. 좋은 실적을 올리던 직원들이 이직했을 때 내 실력이 다가 아니라 '그때 회사의 시스템이 좋았기에 그런 실적을 냈구나' 하고 깨달을 정도는 되어야 한다는 이야기다. 반대로 일에 의욕적이거나 일을 통해 이뤄보려는 욕망이 있는 직원들이 이직해 합류했을 때는 '확실히 일하기 좋은 회사구나' 하는 느낌이 들 정도로 최고의 일하는 시스템을 구축하자는 경영철학이다. 그렇게 했을 때 월등히 높은 속도경영, 효율경영이 가능해지면서 근무하는 직원들의 성장도 빨라진다.

"혁신을 계획했다면 경영자 자신이 먼저 변해야 한다. 회사는 어떠해야 하는지, 방침이라든지 근본적인 것부터 바꿔야 한다. 즉, 자기부정을 해야만 한다. 다른 사람이나 환경을 탓하면 실격이다."

지방의 작은 양복점을 키워보겠다는 포부를 가지게 되었던 당시, 야나이 사장 스스로 '리더의 변신이 먼저다'라는 것을 깨닫고 난 후 자신에게 끊임없이 던졌던 말이다. 노후화된 의류업을 부활시키고 사양산업이라 불리는 이 업계에서 살아남기 위해서는 생각을 바꾸고 새로운 변화를 시도해야 한다는 절박함이 있었다. 그는 자신이 나서서 회사를 키워 결국에는 업계를 바꾸겠다고 생각했다. 그리고 회사에 속한 개인의 행복을 동시에 실현할 때 지속적인 발전이 가능하다고 보았다. '회사가 사람을 선택하지만, 그 사람도 회사를 선택한다'는 마음으로 직원에 대해 '긴장감을 가진

대등한 동반자 관계'라는 개념을 갖기로 마음먹었다.

야나이 사장은 '회사의 비전을 공유할 수 있는 사람', '한 방향으로 시너지를 낼 수 있는 사람', '생각하면서 일하는 사람'을 인재의 기준으로 삼았다. 그때부터 직원들을 뽑을 때마다 '나는 이런 생각을 가지고 있고, 이런 경영을 할 생각'이라고 자신의 입장을 명확히 밝혀왔다. 회사에 대한 정확한 비전과 정보를 제공함으로써 그들에게도 다시 한번 생각할 수 있도록 기회를 준 것이다. 아무리 능력이 뛰어난 사람이더라도 추구하는 방향이 회사와 다르거나 사고방식에 근본적인 차이가 있다면 표면적으로 문제가 없어 보여도 보이지 않는 곳에서는 낭비나 에너지 손실이 생기기 마련이다. 그렇게 된다면 그 사람도, 회사도 모두 불행해진다.

일에 대한 가치관에서 차이가 나타나면 협업은 어려워진다. 따라서 회사는 모든 임직원의 가치관을 하나로 모을 필요가 있다. 활력이 넘치는 조직은 10년, 20년, 더 멀리 100년 뒤까지도 구성원 모두가 공유하는 그림, 즉 분명한 청사진과 기업방침을 가지고 있다. 이를 명확하게 인식하고 있다면 목표를 달성하기 위해 각자가 자신의 위치에서 어떻게 하면 될지 생각하고 또 고민하게 된다. 유니클로의 구성원들이 함께 공감하길 바라는 가치관과 사고방식은 명확하다. 그것은 '자기성장이 있는 방식', '결과를 내는 방식', '팀에 참여하고 자신의 역할을 해내는 방식'이다. 이는 '회사 발전에 공헌해 함께 성공하는 방식'이며, 결국에는 '사회에 공헌하는 방식'이다. 구체적으로 말하면 '최고품질의 캐주얼을 최저가격으로 제공해 세계인들에게 사랑받는 브랜드를 만든다'는 것이 그들이 공유하는 가치관이다. 그런데 '좋은 품질과 싼 가격은 모순된다'고 생각한다거나 '좋은 품질'과 '싼 가격' 중 하나만을 고집하는 사람이 있다면 조직에 함께 할 수 없다. 유니클로는 그런 의미에서 학력이나 어학실력 등의 스펙보다도 '최고를 향해 성장하려는 사람', '성공을 갈망하는 사람'들을 찾는다.

'글로벌 No.1'이라는 목표에 도달하기 위해 조직의 구성원 모두는 지키고 인식할 것들을 잘 알아야 한다. 그렇게 된다면 방향 감각에 의해 힘과 에너지가 모두 그 방향으로 모이게 된다. 그럴 때 발생하는 조직의 힘은 그야말로 엄청나다. 그러므로 리더들은 회사가 나아갈 방향을 계속해서 전달해야 하고, 그 방향으로 모든 힘을 쏟아낼 수 있는 인재를 양성해야 한다. 다양한 능력을 가진 인재들을 한 방향으로 모으지 못한다면 회사에게도, 구성원에게도 엄청난 손실이다.

회사의 규모가 크다고 해서 일하는 사람들의 비전과 이상이 큰 것은 아니다. 반대로 규모가 작은 회사라고 해서 그곳에서 일하는 사람들의 비전과 이상까지 작은 것은 아니다. 수만 명의 임직원들이 있는 조직이건, 단 몇십 명이 꾸려가는 조직이건 활력이 넘치고 지속적으로 성장하는 기업들은 공통적으로 비전과 이상이 선명하다. 그리고 자신들의 일에 대한 자긍심, 회사에 대한 자부심과 애정이 각별하다.

"유니클로는 장애인이나 여성들에게 더 많은 기회를 부여하기 위해 선진적인 노력을 하고 있습니다. 그러나 마냥 부드럽고 포근한 회사는 또 아닙니다. 그렇다고 매정하고 까칠한 회사는 더더욱 아닙니다. 유니클로는 일하고 싶은 사람이 신나게 일할 수 있도록 '장을 열어주는 회사'라고 할 수 있습니다."

유니클로 감사역을 지낸 한 인사가 설명하는 회사의 모습이다. 유니클로는 목표를 가진 사람들에게, 성공을 원하는 사람들에게 도전할 수 있는 기회를 제공하는 회사라는 얘기다.

사회의 모든 조직은 심플하게 정리하면 '인풋'과 '아웃풋'이다. 즉 인풋인 시간과 노력, 자본을 투입해 성과라는 아웃풋을 창출하기 위해 일한다. 그렇기에 주어진 일만 하면 되는 '편한 조직'이 아니라 일을 통해 성공과 자신의 꿈을 이룰 수 있는 도전을 할 '기회가 주어지는 조직'으로 운영되어야 한다. 신나게 일할 장을 열어주는 유니클로의 직원들은 자신의 일에 대해, 속한 조직에 대해 각별한 애정을 가지고 있다. 그리고 자신의 인생과 꿈을 건 곳이기 때문에 애착을 갖지 않을 수 없다.

　급성장하는 기업들을 살펴보면 필요한 인재가 부족하다고 느끼는 경우가 많다. 기업의 성장 속도를 기존 직원들이 따라오지 못하는 경우도 있고, 성장 규모에 비해 필요한 인재가 실제로 부족한 경우도 있다. 좋은 인재를 새로 구하는 것은 물론 중요하다. 그렇지만 이미 조직에서 일하고 있는 인재가 계속해서 함께하도록 만드는 것이 더 중요하다. 계속해서 성장하는 인재야말로 회사의 지속적인 성장을 유지하기 위해서는 꼭 필요하기 때문이다.

　유니클로는 짧은 시간에 최고의 인재를 육성해내는 것으로 유명하다. 그래서 일본에서는 도요타를 비롯한 유수의 대기업들뿐만 아니라 정부에서도 '인재사관학교'라 불리는 유니클로를 벤치마킹하고 있다. 유니클로는 젊은 시절에 최대한의 에너지를 발산하도록 도와 그들의 실력을 키우고 이를 발휘할 수 있는 기회와 환경을 먼저 준비했다. 거기에 회사가 나아갈 방향과 목표를 분명히 하고, 공정한 보상을 기본으로 한 선진적 업무고과 시스템까지 갖췄다. 이것이 유니클로가 '인재사관학교'가 될 수 있었던 근본적인 이유다. 회사가 진정한 자기개혁을 추진하고 이를 멈추지 않으면 그 의지와 노력은 준비된 인재들에게 정확히 전달되기 마련이다. 결과적으로 모두가 탐내는 유능한 사람들은 힘들게 찾지 않아도 자연스럽게 몰려온다는 것을 유니클로는 믿었고, 이를 실제로 증명해냈다.

만약 회사의 미래를 책임져야 할 젊은 인재들이 떠나려 한다면 그 이유를 관심 있게 살펴봐야 한다. 결코 월급이 적다는 이유만으로 동고동락한 사람들과 헤어지고, 치열한 경쟁을 통과해 어렵게 얻은 일자리를 떠나지 않는다. 진짜 이유는 자신의 미래를 위해 현재의 시간과 노력을 투자할 가치를 느끼지 못했기 때문이다. 그리고 일을 잘 해내던 유능한 인재가 떠나는 시점은 더 이상 자신의 능력을 발휘할 기회가 없어졌을 때이다.

모든 간부들과 경영자여, 명심하라. 인재는 '아무리 열심히 해도 의미를 찾지 못하고, 희망이 보이지 않을 때' 떠난다.

유니클로의 리더들은 떠나는 사람을 절대 붙잡지 않겠노라고 말한다. 회사와 리더들부터 일하고 싶은 회사를 만들기 위해 솔선해서 끊임없이 노력하고 있기 때문에 할 수 있는 이야기다. 리더들은 인재가 의욕을 가지고 일할 수 있도록 구성원들에게 미래의 비전에 대해 수없이 암시해야 한다. 그리고 목표와 꿈을 이룰 수 있는 가능성에 대해서도 명확하게 이야기할 수 있어야 한다. 말보다는 행동으로 그리고 눈에 보이는 비주얼한 것들을 이용해 미래의 비전을 명확하게 보여주어야 한다. 그래도 부족하다면 온몸으로, 할 수 있는 모든 것을 동원해 일에 대한 자긍심을 심어줘야 한다. 가장 좋은 방법은 애사심을 직접 몸으로 보여주는 것이다. 자신의 일과 몸담은 회사에 대한 애정은 실적이라는 얼매로 자연스럽게 나타나게 되어 있다.

급속성장으로 인한 번아웃을 예방하는 법

유니클로는 일찍부터 완전실력주의를 표방하면서 의욕적인 인재들이 하드워킹을 마다하지 않았다. 유니클로 초창기에 일했던 직원들은 새벽 6시부터 밤 10시까지 매장을 운영했다. 전국을 돌아다니며 판매할 옷을 확보하던 야나이 사장을 비롯한 간부들도 마찬가지였다.

도쿄 주식시장에 상장을 하고 수도권에 본격적으로 진출할 때도 마찬가지였다. 1998년 플리스를 출시하고 매출이 급성장할 때는 그야말로 모든 직원들이 '뛰면서 생각하고, 뛰면서 일했다'고들 한다. 큰 목표를 내걸고 치열하게 뛰면서 우리 돈으로 연봉 1억이 넘는 젊은 점장들이 대거 나오자 하드워킹은 더 심해졌다. 그러자 몇몇 유능한 직원 또는 여성 점장들이 결혼 등의 문제로 조직을 이탈하는 일이 일어났다.

야나이 사장은 젊고 유능한 인재들을 잃는 것을 원치 않았다. 성공에 대한 지나친 욕심으로 자신도 모르게 지쳐 쓰러지는 번 아웃이 반복되면서 이탈하는 인재들이 생긴다면 조직에도 결코 좋지 않다. 그렇게 된다면 긴 호흡으로 인재를 육성할 수 없게 되고, 조직은 오래가지 못한다고 생각했다.

이를 방지하기 위해 고객과의 접점 현장인 매장에서는 앞에서 잠시 언급했던 점장대리라는 직책을 새로 만들었다. 점장교육에 심혈을 기울여 점장이 될 자격을 갖춘 직원을 다수 육성해 일정 기간 작은 매장의 경영자 수업을 받을 수 있도록 했다. 그것은 점장이 법정 근무시간에만 충실히 근무하고, 퇴근해서는 자유롭게 미래를 준비할 수 있도록 하는 환경을 조성하기 위함이었다. 이 제도를 도입하면서 자발적으로 경영자에 오르고 싶어하는 후배들, 즉 빨리 점장이 되고자 하는 직원들을 대상으로 자발적인 학습회를 시작했다.

점장대리를 도입하면서 '각 매장의 점장들은 점장대리를 육성해 매장을 맡기고 시간이 되면 즉각 퇴근하라'는 지침을 실시했다. 당시 이런 일들도 있었다. 이미 제도가 바뀌었는데도 일 욕심이 많고 큰 성공을 꿈꾸던 점장들은 퇴근할 생각을 하지 않고 매장에 남아있었다. 휴가 때도 몰래 나와 일을 하거나 다른 매장에 들러 동료 점장들과 고민과 정보들을 나누었다. 다른 경쟁업체의 매장을 돌며 장단점을 기록한 보고서를 작성해 공유하기도 했다. 결국 슈퍼바이저나 블록리더들이 매장을 순회하며 장시간 근로와 과다업무를 확인하기 시작했다. 자신과 회사의 성공을 위해서라면 그 어떤 하드워킹도 감수할 수 있다고 생각했던 점장들은 말을 듣지 않고 고집을 피웠다. 또 자신이 직접 매장을 오픈시켰고, 갖은 노력 끝에 매출을 일정 궤도에 올려놓은 점장들은 애착이 더욱 강했다. 자신은 체력에 문제가 없고, 늦게까지 일할 수 있다고 하는 점장들도 많았다. 심지어는 울면서 '난 일찍 퇴근 하기 싫다'고 버티기도 했다.

완전실력주의로 노력하면 얼마든지 성공 기회가 주어지는 환경에 플리스 등 히트상품도 나오면서 회사가 급성장하던 시절이라 그런 상황들이 벌어질 수밖에 없었다. 그래도 유니클로는 긴 호흡으로 같이 그리고 오래 성장하고 성공하는 길을 선택하도록 설득했다. 대신 치열하게 노력하고 결과를 낸 사람들이 불이익을 받지 않도록 제도를 정비했다. 성공을 위해 어떤 힘든 일도 감수하면서 뛰겠다는 직원들의 보이지 않는 노력까지도 보상 받을 수 있도록 하는 게 중요했다. 유니클로가 평가와 보상 제도를 자주 업그레이드하고 상당히 많은 그레이드를 만들어 공정성을 높이려는 것도 이런 이유에서다.

이런 일들이 있은 후 직원교육을 더 진화시켰다. 유니클로대학 프로그램의 충실화, 해외연수 프로그램 확대, 여성 리더 육성 프로그램, 리더십 프로그램, 글로벌 경영자 육성 프로그램 등 유명 대학이나 컨설팅사와 적극적으로 제휴해 각종 프로그램을 강화했다.

도전하는 인재를 희생양 삼지 않는다

2000년대 초까지 급성장하던 패스트리테일링은 이후 몇 년 간 매출 면에서 약간의 조정 국면에 들어섰다. 그런 상황에서도 사업 확장을 위한 다각적인 도전은 멈추지 않았다. 그 중 하나가 2006년 시작한 저가형 캐쥬얼 브랜드 '지유ɢᴜ'다. 적자에서 벗어나지 못하던 지유를 매출액 1조 엔을 목표로 하는 브랜드로 성장시킨 이가 앞서 1부의 채소사업 실패의 주인공 유노키 오사무다.

유노키는 일본의 한 종합무역상사에서 11년 정도 근무한 뒤 GE캐피탈을 거쳐 1999년 입사했다. 이듬해 봄 임원에 오를 정도로 단기간에 실력을 검증받은 인물이다. 사업 다각화 차원에서 의욕적으로 시작한 채소사업은 기대와 달리 제대로 성과를 내지 못했고, 28억 엔의 손실과 함께 2004년 4월 철수하게 된다. 2004년

6월, 유노키는 결국 사업실패에 대한 최종 결과보고를 위해 사표를 주머니에 몰래 넣고 사장실로 들어갔다.

"자네 설마 회사 그만둘 생각은 아니지? 그만둘 생각이라면 손실분을 갚을 생각부터 해. 그만두려면 그러고 나서 하라고."

유노키가 절대 잊을 수 없다는 당시 야나이 사장이 던진 말이다. 유노키 나이 만 39세 때의 일이었다.

처음 채소사업을 추진했던 당시의 상황을 야나이 사장은 한 인터뷰에서 이렇게 회고했다.

"그렇게 진지한 유노키를 처음 봤습니다. 신규사업에서 가장 중요한 것은 필사적인 정신입니다. 그런 각오, 그런 투지가 없다면 어떤 비즈니스에서도 성공할 수 없죠. 정말 죽기 살기로 대들지 않으면 어떤 일도 궤도에 올릴 수 없습니다. 그런데 그에게서는 그런 비범한 도전정신이 보였습니다. 그래서 해보게 하고 싶었습니다. 그게 전부입니다."

성패보다 무모해 보이더라도 과감한 도전이 훨씬 중요할 때가 있다. 그것을 통해 사람이 크기 때문이다.

회사에 큰 손실을 입힌 유노키는 부채의식을 느꼈다고 한다. 믿고 맡겨준 회사와 따라준 협력업체를 배신했다는 죄책감 같은 것이었다. 그 후 인사, 마케팅부문 등에서 전력을 다하며 일에 매진했지만 심리적 침체에서 좀처럼 벗어나지 못했다. 경영자로서는 실패했지만 앞으로의 인생을 걸고 동료들의 성공을 제대로 지원해보자는 다짐을 했다. 그게 회사와 동료들에 대한 보답이라고 생각했다. 본사 지원부서에서 후배들 양성에 힘쓰며 와신상담하던 2008년 어느 날 야나이 사장은 유노키를 불렀다.

"자네 지유 브랜드 맡아 볼 생각 없나?"

2006년 출범한 지유를 책임질 부사장 제안이었다. 부사장이었지만 실제적으로는 유니클로의 동생 격인 지유의 대표였다. 엄청난 부담감이 느껴지는 자리였고, 유노키는 결단을 내리지 못하고 혼돈에 빠졌다. 사실 지유는 회사 입장에서 전략적으로 키우고 싶은 브랜드였다. 하지만 2006년 설립 이후 매년 적자를 내고 있던, 말하자면 아직 제대로 이륙도 하지 못한 초창기 브랜드였다.

"이전에 한 번 망하게 했으니 어떻게든 만회할 생각을 해야지, 자네답지 않구만. 다시 생각해 보게."

자신이 없다며 말끝을 흐리는 유노키에게 야나이 사장은 자극제를 투입했다. 이 이야기를 듣고 현실에 안주하려 했던 자신을 발견하고, 부끄럽다는 생각이 들었다고 훗날 회고했다. '나는 이미 신규사업을 실패한 사람이다. 그런 사람이 리더에 오르면 직원들은 모두 언짢은 기분이 들지 않을까?' 당시 유노키는 이런 고민들로 가득했다.

그래도 아직 확실한 결단을 못 내리고 있던 어느 날 지유와 몇 개의 수입 브랜드를 총괄하던 선배 임원 나카지마 슈이치가 유노키를 찾아왔다. 그는 머뭇거리던 유노키를 불러 설득하기 시작했다. 보이지 않는 실패의 트라우마가 있는 그에게 조곤조곤 설명하며 깨우치듯 자신감을 심어줬다.

"뭐 한 번 실패한 걸 가지고 무슨 그런 나약한 생각을 갖는가. 골프 처음 친 사람이 그날 성적이 안 좋았다고 다시는 안하겠다는 말과 뭐가 다른가. 경영이라는 게 갑자기 처음부터 잘 풀리는 경우는 없다는 걸 잘 알면서. 어떻게든 자네하고 같이 이 브랜드 키워봤으면 좋겠어."

이후에도 야나이 사장은 3개월 정도 계속해서 의사를 타진했다. 유노키는 우여곡절 끝에 지유의 부사장으로 부임했다. 실질적으로는 사장이었다. 두려움이 있었지만, 그에게는 죽음의 계곡을 벗어날 반전이 절박하게 필요하기도 했다. 유니클로 다음의 제2 브랜드로 야심차게 탄생한 지유. 그러나 녹록치 않은 현실이 그를 기다리고 있었다. 경영자로서 다시 만회할 기회라고 주어진 그곳은 적자의 수렁에서 벗어나지 못하고 있었다. 그런 상태가 더 지속되면 이 사업도 과거 채소사업처럼 접어야 하는 상황이었다.

지유는 본래 일본의 대형 유통기업과 업무제휴를 통해 만들어진 브랜드였다. 유니클로보다 더 저렴한 가격대로 가성비 측면에서는 매력적이었지만, 아무래도 유니클로가 있었기에 상품도 제한적이었고 주력상품도 풍부하지 않았다. 저렴한 가격에 상대적으로 품질이 좋다 보니 주머니 사정이 넉넉하지 않은 젊은 층에서 매력적으로 느끼는 정도였다. 확실하게 고품질 상품을 저렴한 가격에 제공하는 유니클로와 비교했을 때 최저가를 추구하던 지유는 더 저렴하다는 정도 외에는 차별성 없이 어중간한 상태였다.

확실한 성장동력을 만들어 낼 전략도 없고 긴 호흡의 컨셉도 부족했던 지유였지만 눈물을 흘리며 사업을 접을 수도 없는 상황이었다. 그룹 경영진도 고민에 빠졌다. 유노키는 당시 상황에 대해 한 인터뷰에서 이렇게 밝힌 적이 있다.

"그때의 지유는 확실한 컨셉도 없었고, 그냥 죽는 날만 기다리는 처지 같아 보였습니다."

그는 '이왕이면 앉아서 죽는 날만 기다릴 게 아니라 차라리 큰 승부를 걸어보자'는 쪽으로 방향을 틀었다.

"채소사업을 할 때는 엄청난 자신감에 물불 안 가리고 덤볐습니다. 동료들 눈에는 자신감이 지나쳐 거만해 보였을 것이 분명합니다. 그때는 항상 내가 옳다는 생각을 가지고 있었습니다. 하지만 아무리 뛰어난 사람일지라도 혼자만으로는 그 어떤 일도 이뤄낼 수 없다는 사실을 깨달았습니다."

유노키는 채소사업 실패로 겸손한 자세가 무엇보다 중요하다는 것을 느꼈다. 그래서 직원들에게 먼저 다가갔다. 직원들과 한 팀을 만드는 게 우선이라고 생각했기 때문이다. 집단지성을 발휘해 돌파구를 마련하겠다는 생각이었다. 채소사업을 통해 '혼자 똑똑한 것보다 모두의 동참을 이끌어내는 경영이 진짜 실력'이라는 사실을 실감했던 그였다.

그렇게 직원들과 함께 어떻게 적자의 늪에서 벗어날지에 대해 고심하던 중 파격적인 방안을 기획했다. 바로 '유니클로의 반값'이었다. 소비자 조사를 해보니 기존 컨셉인 '유니클로 70% 가격'은 그다지 설득력이 없었기 때문이다. 품질과 가격 모두에서 절대적 신뢰를 얻던 유니클로와 같은 혈통의 브랜드가 반값이라니! 글로벌 금융위기 이후 소비가 침체기에 빠졌을 때 충격적인 가격 설정은 엄청난 화재를 불러일으켰다. 유니클로의 할인만 기다리던 잠재적 소비욕구의 내면을 읽고 과감하게 나간 게 통했다. 결과적으로 유노키가 지유를 맡은 이듬해인 2009년 봄, 그렇게 '990엔 청바지'는 대히트를 쳤다. 하지만 그것도 지나고 보니 반짝이었다. 바로 다음부터 다시 부진에 빠졌다.

2010년 지유 사장에 오른 유노키는 다시 원점으로 돌아가 장기적인 관점에서 고민했다. 지유라는 브랜드명은 '자유自由'의 일본어 발음 '지유(じゆう)'를 알파벳 'GU'로 표기한 이름이다. 그 원점

으로 돌아가 '패션의 자유'를 생각했다. 가성비와 함께 자유로운 패션의 즐거움을 줄 수 있는 브랜드여야 한다는 의견들이 많이 나왔다. 컨셉이 명확해지자 광고 문구도 새롭게 만들어졌다. 말하자면 '저렴하면서 믿고 사는 품질에, 즐거움과 유행의 첨단을 제안하는 제품'을 만들겠다는 선언이었다.

결국 유노키가 이끄는 지유는 하이패션 브랜드로의 아이덴티티를 확립하면서 급성장하기 시작했다. 2011년 300억 엔의 매출을 달성했고, 2012년에는 500억 엔을 돌파했다. 2006년 1호점 개점 8년 만인 2014년에는 1,000억 엔을, 2016년에는 1,800억 엔을 돌파했다. 유니클로보다 2배나 빠른 성장속도다.

"지유는 이제 매출 1조 엔 기업에 도전합니다. 우리는 보통의 회사로 남고 싶지 않습니다. 앞으로 10년간 직원들과 함께 브랜드와 회사를 완전히 다시 만들겠습니다."

지유는 브랜드 설립 10주년인 2016년에 이처럼 선언했다. 같이 도전에 나설 직원들의 가슴을 뛰게 하고 흥분시키는 청사진이었다. 지유는 하이패션컨셉으로 유니클로 브랜드의 약점으로 지적되곤 하는 패션성을 갖춰가고 있다. 이를 통해 글로벌 No.1으로 가는 길에 비장의 카드로 자리잡았다. 도전을 두려워하지 않는 경영자의 DNA와 뜨거운 피가 흐르고 있음을 지유의 성공을 통해 보여줬다.

채소사업에 실패했던 유노키를 희생양으로 삼았다면 지금의 지유는 없었을 것이다. 회사의 미래가 달린 신규사업이지만 '미래를 향한 도전 과업에 대한 책임은 회사 전체가 지는 것이지 한 사람의 책임으로 돌릴 수 없다'는 원칙으로 야나이 사장은 사람을 선택했다.

회사나 조직의 미래 먹거리를 발굴하는 큰 도전, 황무지 개척과 같은 신시장 개척, 기존 비즈니스와 다른 혁신적인 프로젝트, 이런 도전적인 실험에서 실패를 해도 그 일을 주도한 인재만은 구해내야 한다. 끝까지 적극적으로 챙기고 다음에도 적극적으로 지원한다는 확실한 신호를 회사나 경영자가 보여줘야 한다. 유니클로는 유노키가 실패를 극복하고 성과를 내자 계속 중용했고, 그는 실력으로 보답했다. 결국 그는 회사의 새로운 미래를 책임지는 경영자로 성장해 있었다.

8 일하고 싶어 하는 사람에게 최상의 시스템을

어떤 일이든 분명한 목표나 동기부여가 없다면 제대로 될 리 없다.
유니클로는 구체적이고 명확한 목표를 제시하고 달성하도록 도왔다.
이러한 시스템이 지금의 유니클로를 만들었다.

"성장하는 회사로 체질을 바꾼다는 것은 결코 쉬운 일이 아닙니다. 경영철학부터 조직의 구성원, 경영자 모두 바뀌어야 하기 때문이죠. 몸에서 모든 피를 빼내어 완전히 새로운 피로 바꾼다는 생각으로 임해야 하는 일입니다. 필요하다면, 사람도 교체하고 흐름이 원활하게 되어야 합니다. 한번 멈춰선 조직은 다시 움직이기 어렵습니다. 톱니바퀴가 계속 돌듯 움직여야만 합니다."

야나이 사장이 어느 잡지와의 인터뷰에서 한 말이다. 계속 성장하는 회사와 갈수록 쪼그라드는 회사는 무엇이 다를까? 잘 살펴보면 명백한 차이점이 있다.

쪼그라드는 회사에서는 사장이 부장이 할 일을 하고 있고, 부장은 과장의 일을, 과장이 대리의 일을, 대리는 평사원의 일을 하며, 평사원은 아르바이트 사원이 할 일을 한다. 이런 곳에서는 회사가 어디로 가고 있는지 아무도 모른다. 목표가 없다는 이야기다. 아니면 윗사람 몇 명만 알고 있거나.

쪼그라드는 회사의 또 다른 특징은 적절한 인센티브를 통해 동기부여를 하지 못한다는 점이다. 과장이 부장의 역량을 갖추고 일해야 승진할 수 있는 법인데, '승진시켜주면 그때 가서 열심히 하겠다'고 한다. 적절한 동기부여를 받지 못했기 때문에 이런 이야기가 나오는 것이다.

이렇듯 회사에 활력이 없으니 고객창출이 안 되고, 새로운 아이디어는커녕 실적도 개선될 기미가 보이지 않는다. 사람도 못 크고 회사도 함께 못 크는 꼴이다. '내가 과장만 몇 년째 하고 있는지 아느냐'며 상사에게 불평불만을 쏟아낸다. 불만이 앞서다 보니 시키는 일만 마지못해 하게 되어버린다. 결국 과장이 부장처럼 일하는 것이 아니라, 대리처럼 일하는 꼴이 된다.

계속 성장하는 회사는 반대다. 부장들이 사장 일을 맡아서 하고, 과장과 차장들은 부장이 담당할 만한 일을 한다. 대리는 과장급 일을 하고, 평사원은 3~4년차 대리급 일을 해낸다. 여기서 개인과 조직의 성패가 완전히 갈린다. 그래서 리더는 구성원들이 더 높은 목표를 향해 역동적으로 움직이게 만들어야 한다.

비즈니스 정글에서는 선수가 변하지 않으면 고객이 선수를 바꿔버린다. 그러니 바뀌어야 살아남을 수 있다. 어떤 업계든 유망하다는 사업은 계속 바뀌기 마련이고, 기존 성행하던 사업들은 점차 쇠퇴한다. 계속 새로 성장하는 시장이 생겨나기 때문에, 기존 조직들도 생존을 위해서는 바뀌지 않을 수 없다. 스스로를 바꾸지 않는다면 이미 변화된 시장에 내가 당하게 된다. 시장이 어떻게 돌아가고 있는지 보려면, 고객을 감동시킬 수 있는 속도로 달려가 고객을 확보해야 한다. 고객의 기대를 좇아가는 것이 아니라 고객의 기대를 뛰어넘어야 한다. 먼저 가서 길목을 지키고 있어야 한다.

이렇게 계속해서 성장하는 회사로 체질을 바꾸려면 어떻게 해야 할까?

글로벌에서도 통하는 스마트한 압축업무

현장 근무자도, 중간관리직도, 경영자도 '내가 해야 할 일'이 무엇인지는 다들 알고 있다. 하지만 그것을 얼마나 철저히 할 것인가, 어느 수준까지 할 것인가가 문제다. '이 정도면 충분하다'고 생각하면, 그보다 훨씬 높은 수준으로 일하는 사람들에게 밀리게 마런이다. 쉽게 생각하기 시작하면 부실공사나 수준 낮은 일이 되고 만다. 그 결과 하자를 낳아 또 다른 골치 아픈 일이 생긴다. 결국 일을 끝까지 책임지겠다는 의식이 없으면 일을 하는 것이 아니라 자칫 손실만 초래하는 꼴이 된다. 그렇다면 누구나 할 수 있는 일을 탁월한 수준으로 하기 위해서는 어떻게 해야 할까? 해답은 '스마트한 압축 업무'다.

성공신화들을 돌아보면 몰입적 하드워킹이 있었다. 바꿔 말하면 늘어지는 소프트워킹으로 성장한 개인이나 기업은 없다고 단정할 수 있을 정도다. 도전 없는 곳에 성장이 있을 수 없고, 하드워킹 없는 도전의 성공 가능성은 제로에 가깝다고 할 수 있다. 계속적으로 변화를 시도하고 새로운 것에 도전하려는 사람들에게 기회를 부여하고자 하는 것도 이런 이유일 것이다. 그래서 많은 직장인들은 업무 처리에 속도를 올려 경쟁력을 키우고 경쟁에서 승리하겠다는 생각을 하며 자나 깨나 문제들과 씨름한다. 정해진 기한 내에 최고의 성과를 내기 위해 모든 기력을 쏟아 붓는다. 하지만 선진 기업들은 '열심히 많이', '늦게까지 오래'와 같은 단순 하드워킹을 요구하지 않는다. 똑똑하게 생각하면서 일하는 '스마트한 압축업무'를 원한다. 유니클로 역시 그것을 지향하며 철저히 교육시킨다.

유니클로의 직원들은 스스로 압축업무를 할 수 있는 능력을 키운다. 그리고 높은 목표를 설정해 일하기 때문에 업무강도가 높은 편이다. 그런 만큼 회사에서도 직원들이 스스로 자기관리를 할 수 있도록 'ON', 'OFF'를 명확히 한다. 월요일을 제외하고 저녁 7시가 되면 사무실의 불을 끄는 것도 이런 이유다.

그들은 가슴속에 '글로벌 No.1 브랜드를 만들겠다'는 계획을 가지고 있다. 여기에는 회사에서 일하는 모든 임직원들 한 사람 한 사람이 No.1이 되어야 한다는 의미도 포함되어 있다. 이는 회사가 이들을 육성하겠다는 의지이다. 유니클로의 임직원들은 스마트한 압축업무를 통해 이미 성공을 경험했으므로 목표달성이 가능하다고 인식하고 있다. 인사부 리더였던 고시카와 야스나리는 한 잡지와의 인터뷰에서 이렇게 말했다.

"우리는 지역대표로 전국체전에 나가 우승한 수준입니다. 이제는 올림픽에서 금메달을 따겠다는 비전을 가지고 있습니다. 즉 글로벌 No.1입니다. 그 목표를 이루기 위해 매일 트레이닝을 반복하고 있습니다. 다른 회사보다 일이 엄청 재미있다거나 흥미롭다기보다는 끊임없이 트레이닝을 반복하며 준비하는 것이죠. 목표를 세계무대에 두고 '어떻게 하면 통할까'를 생각하며 실적을 쌓고 있습니다."

말도 안 되지만, 구체적이고 명확한 목표

"배는 항구에 있는 것이 가장 안전하다. 하지만 배의 존재 이유는 그것이 아니다."

미국의 존경받는 사업가인 존 셰드John G. Shedd의 말이다. 그의 말처럼 호화선박을 만들어도 안전한 곳에 있어야 한다는 이유로 항구에 정박시켜 놓는다면 배의 존재 의미가 없는 것이다. 역경을 두려워해 안정과 안전만 추구한다면 아무것도 시도할 수 없고, 아무것도 이룰 수 없다.

일본에서 의류산업이 사양산업으로 인식되면서 쇠퇴하자 의류 브랜드들은 다들 작은 위기에도 두려움에 떨었다. 하지만 유니클로는 레드오션에서 살아남아 '새로운 길'을 열겠다는 각오로 선택과 집중을 통해 캐주얼 분야에 모든 역량을 집중했다. 그 결과 많은 난관들, 불황과 위기에도 굴곡은 있었지만 전진을 멈추지 않았다.

경영자가 20년, 30년 혹은 50년 후의 목표를 말하면 일반 직원들은 대개 곧이곧대로 받아들이지 않고 허풍이라고 생각하는 경향이 있다. 이는 경영자의 시각과 일반 직원의 시각이 다르기 때문이다. 위대한 성과를 경험했던 거인과 같은 경영자의 눈에는 저 멀리 미래가 선명하게 보이기 마련이다. 그들에게 미래는 손에 잡힐 만한 목표이고 지점이다. 하지만 당장 눈앞에 닥친 현실적인 일처리에 대부분의 에너지를 쏟을 수밖에 없는 일반 직원들의 눈에는 멀게만 느껴지기 마련이다. 그래서 경영자가 제시한 목표나 비전이 현실감이 떨어진다는 불만을 제시하거나 심할 경우 등을 돌리기도 한다. 그래서 이들을 직접 이끌어갈 간부들과 팀장들에게는 구체적인 비전을 제시할 필요가 있다.

야나이 사장은 '가능하다면, 10년 안에 매출을 10배 키우고 싶다'는 식으로 보통 사람들이라면 '달성하기 쉽지 않겠다'는 생각이 들 정도로 높은 수준의 목표를 세운다. 그런 목표를 세우면 지금까지와는 전혀 다른, 새로운 방법을 찾게 된다. 현재 1,000억 원의 매출을 올렸는데, 다음 목표가 1조 원이라고 한다면 다들 불가능하다는 생각부터 한다. 지금까지 해왔던 방식으로만 생각하기 때문이다.

야나이 사장은 목표의 중요성에 대해 한 미디어와의 인터뷰에서 다음과 같이 말한 바 있다.

"변화를 먼저 읽고 회사를 바꿀 수 있는 결단이 필요합니다. 우리 회사의 미래는 어떠해야 하는가, 우리의 사명은 무엇인가를 분명히 하고 그것을 향해 돌진하는 것입니다. 인간은 구체적인 목표를 명확하게 하지 않으면 행동하지 않습니다. 나부터도 그렇습니다."

일에서 가치를 느낄 수 있고, 또한 올라야할 미래가 보여야 전진할 힘을 낼 수 있다. 그런 목표가 없으면 어떤 사람이든 의욕을 상실하게 된다. 조직에도 뚜렷한 목표가 없으면 방향감각이 흐려지며 결국 힘이 분산된다. 가야 할 길이 보이지 않는 곳에서는 아무리 해도 협력도 잘 안 되고, 일에 속도가 붙지 않는 법이다.

의욕을 상실한 사람들은 대부분 '희망이 없다'고 말한다. 그러면서 '앞이라도 보여야 힘을 낼 텐데'라며 항변한다. 하지만 그 누구도 나의 앞날을 대신 열어주지 않는다는 것쯤은 다들 알고 있다. 그럼에도 우리는 그 사실을 자주 망각한다.

야나이 사장은 1980년대부터 모든 사람들에게 좋은 캐주얼 의류를 선보이는 것을 목표로 했다. 이를 바탕으로 누구에게나 사랑받을 수 있는 감각을 바탕으로 한 고품질의 저렴한 베이직 캐주얼 브랜드인 유니클로를 만들 수 있었다. '패스트리테일링'으로 회사명을 바꾼 것은 기존의 생각을 완전히 뒤집기 위한 분명한 메시지였다. '우리가 만들고 싶은 옷을 판다'는 식의 구조를 바꿨다. '고객의 생각을 최대한 신속하게 반영해 고객이 원하는 상품을 완전 판매한다'는 전략으로 말이다. 항상 적극적이고 능동적으로 고객의 욕구와 필요를 빠르게 읽고 움직여야 가능하다. 고객의 기대에 먼저 충실하게 부응한다는 기본을 철저하게 지키면 일에 대한 사명감이나 목표도 크게 자라나기 마련이다.

패스트리테일링의 경영이념에는 '그 어떤 기업의 우산 속에 들어가지 않는 자주독립 경영'이라는 내용이 있다. 모든 구성원이 주체적으로 생각하고 행동해 자강력을 키우지 않으면 오래 생존할 수 없다는 뜻이다.

유니클로는 항상 안주하지 않았다. 일본 내에서 월등한 1위에 오른 시점에도 이미 글로벌 시장을 바라보고 있었다. 지난 10년간의 도전만 봐도 그렇다. 플리스 붐 이후 몇 년간의 조정기를 거치고 2006년, 결국 성장세로 돌아서 4,488억 엔의 매출을 올렸다. 2007년은 5,252억 엔, 2008년 5,865억 엔 그리고 2009년 8월 결산 총매출액은 6,850억 엔을 기록했다. 업계의 매출 규모로 볼 때 글로벌 순위 7위 정도까지 빠르게 치고 올라왔던 시점이었다. 그 시점에서 야나이 사장은 2020년까지 매출 5조 엔을 달성하겠다는 원대한 목표를 발표했다. 2010년에는 8,148억 엔, 2011년 8,203억 엔, 2012년 9,286억 엔의 매출을 올렸다. 2013년에 들어서는 1조 1,430억 엔을 달성해 우리 돈으로 약 10조 원을 돌파했다. 이후 2014년 1조 3,829억 엔, 2015년 1조 6,817억 엔, 2016년 1조 7,864억 엔의 매출을 기록했다. 이같은 성장세는 멈추지 않고 있다.

야나이 사장은 2016년 결산 발표 기자회견에서 2020년 매출 목표를 기존의 5조 엔에서 3조 엔으로 수정해 발표했다. 하지만 혁신만은 더 과감한 도전으로 지속하겠다는 의지를 표명했다. 현재 업계의 매출 규모로 보면 26조 원의 자라ZARA가 1위를 차지하고 있고, 24조 원의 H&M에 이어 갭GAP을 제치고 유니클로는 글로벌 3위에 올라 있다. 모든 것을 완전히 바꿔 반드시 그 이상을 달성하겠다는 각오로 보인다.

일본의 장기불황에서도 유니클로는 '일본 경제의 희망', '불황 속의 별'이라는 평가를 받았다. 그렇다고 결코 현실에 만족하지 않았고, 항상 미래의 큰 목표를 내걸고 도전하는 쪽을 선택했다. '과감한 청사진을 그리고 모두가 함께 뛰는 문화', 그것이 그들의 성장 동력임은 분명하다.

유니클로에서는 목표관리가 승진의 지름길

학창 시절 친구들을 떠올려보면 타고난 음감을 가지고 있거나 문학적 재능이 있거나 운동감각이 탁월한 이들이 있었을 것이다. 그런데도 사회에 나와서는 자신의 실력을 발휘하지 못하고 사는 이들이 많다. 분명한 목표 설정이나 동기부여가 되지 않았기 때문이다. 어떤 일이든 목표를 정하거나 정해진 원칙이 없다면 일이 제대로 될 리 만무하다.

운동경기에서 좋은 성적을 내고 신기록을 세우는 선수 역시 꾸준하게 명확한 목표를 설정하고 이를 달성하면서 동기부여를 잘해온 사람들이다. 비즈니스 정글에서도 높은 위치에 오른 사람들은 명확한 목표를 향해 스스로 자기계발을 하면서 동기부여를 해온 사람들이다. 조직이 지속적으로 좋은 성과를 내려면 이처럼 개인들의 목표달성부터가 중요하다.

야나이 사장은 목표와 관련해 이렇게 얘기했다.

"사람은 안정을 추구하게 되면 성장이 멈추기 때문에 높은 목표를 갖는 것이 중요합니다. 도저히 무리라고 생각하는 목표도 치밀하게 계획을 세우고, 실행의 보폭을 확인하면서 계속 수정해가다 보면 대개는 잘 풀리기 마련입니다."

점장을 지냈던 마에다 히데아키는 목표달성 프로그램과 체득화의 당위성에 대해 다음과 같이 말한다.

"목표가 없다면 모든 것들은 쇠퇴합니다. 높은 목표를 세우고 거기에 도달할 수 있는 방법을 생각해내야 합니다. 이것이야말로 회사와 개인이 같이 성장하는 길이죠. 목표를 정하고 그것에 집중해 결국 달성하는 것입니다. 목표가 높아지지 않고는 결코 위로 올라갈 수 없다는 것이 유니클로의 생각이고 정책입니다."

일을 선택했으면 목적과 목표를 분명히 하고 열정을 쏟아야 한다. 과거의 성적이나 실적은 앞으로의 능력과 재능을 증명하거나 안위를 보장하지 않는다.

　모치즈키 다카히로의 사례는 목표를 분명히 하는 것이 어떤 결과를 가져오는지 잘 보여준다. 그는 대학 졸업 후 서비스업에서 일하고 싶어서 대형 호텔에 입사했다. 일에는 만족했지만 구태의연한 조직풍토, 연공서열이나 급여체계 등에 만족하지 못했다. 자신의 실력을 제대로 시험해보고 싶다는 생각이 들었다. 그래서 '완전실력주의'를 추구하는 유니클로에 입사했다. 수년간 쌓아온 경력은 고려할 대상이 아니었다. 자신보다 어린 후배들과 함께 밑바닥에서부터 똑같이 시작했다. 그렇게 일을 배운 그는 점장에 오른 후 최상위권 매출을 올리는 매장의 책임자로 발탁되기도 했다. 몇 군데 점장을 거친 뒤 슈퍼스타점장이 되었고, 그 후 슈퍼바이저도 됐다. 그런데 이런 모치즈키가 입사 직후 그만둘 생각을 했었다고 한다. 그런 그가 어떻게 성공할 수 있었을까? 당시 상황을 그에게서 들어보자.

　"입사 한 달 정도 지났을 무렵 플리스가 히트상품에 올라 폭발적으로 팔려나갔습니다. 아침부터 저녁까지 정신없이 일만 했습니다. 앞으로 어떤 목표를 향해 달려야 하는지 방향감각이 없었죠. 그렇게 육체적, 정신적으로 힘든 시간이 3~4개월 정도 이어졌습니다. 플리스 붐이 안정을 찾으면서 그제야 매장의 전체적 흐름이 조금씩 보이기 시작했습니다. 점장과 이야기할 시간도 늘면서 자연스럽게 권한과 책임이 주어진 점장의 매력을 조금씩 알게 됐습니다. 그때부터 '5년 후에는 슈퍼스타점장이 되자'는 명확한 목표를 세웠습니다."

유니클로의 강점은 인재를 제대로 키울 수 있는 조직이라는 것이다. 모치즈키의 경우처럼 분명한 목표를 가질 수 있도록 직속상사들이 함께한다. 먼저, 이해할 수 있는 가장 높은 목표를 가질 수 있도록 배려한다. 목표가 정해지면 그때부터는 혹독할 정도로 철저하게 그 과정을 같이 밟아가는 것이다. 모치즈키는 또 이런 말도 덧붙였다.

"무엇을 어떻게 해야 할지 몰랐던 때가 있었습니다. 당시 상사와 상담을 했더니, 매일 그리고 매주 철저하게 해내야 할 일들을 가르쳐줬습니다. 나는 조언대로 실행했습니다. 스스로 특별한 일을 한다는 느낌은 없었습니다. 단지 매번 철저하게 수행하는 것이 중요하다고 들었고, 결국 내가 다른 점장들과 달랐던 것은 그것을 지속했다는 것입니다. 그것이 슈퍼스타점장까지 오를 수 있었던 비결 아닌 비결이 되었습니다."

목표가 뚜렷한 사람들에게서 공통적으로 나타나는 행동패턴이 있다. '홈런왕이 되겠다'는 확실한 목표를 가지고 있는 야구선수는 일상에서 연습과 훈련을 절대 게을리 하지 않는다. 그리고 자신의 문제점을 찾아 개선하고자 한다. 기초체력 강화를 위해 강도 높은 트레이닝도 소화해낸다. 모치즈키가 매일, 매주 실행해야 하는 일들은 누구나 할 수 있는 것이었다. 중요한 것은 그도 말했듯 '지속성'이었다. 점장이 된 후 자발적으로 참석하는 본부회의에는 매주 참석하는 것이 바람직하다는 조언을 받았다. 같이 점장에 오른 사람들이 몇 번 참석하고 난 후 하나둘씩 이탈하고 참석률이 떨어질 때도 그는 절대 빠지지 않고 철저하게 참석했다. '해야 할 일을 철저하게 한다'는 기본을 지키기 위해서였다.

그리고 목표를 이루고자 하는 사람들은 늘 같은 고민을 한다. '더 짧은 시간에 함축적으로 일 처리를 할 수 없을까', '위로 오르기 위해서 어떤 리더십이 필요한가', '고객을 확보하기 위해 지금 무엇이 필요한가', '매출 신기록을 세우기 위해 지금 무엇을 해야 하는가', '업계 1위를 위해 어떤 준비를 해야 하는가', '글로벌 1위를 위해 어떤 자질을 갖춰야 하는가' 등의 것들이다.

목표달성에 대한 공정한 평가도 필요하다. 자칫 객관적이지 못하고 차별적인 평가를 내린다면 조직 전체가 혼란에 빠질 수 있다. 공정한 평가가 이루어져야, '이번에는 목표를 달성하지 못했지만, 다음번에는 반드시 달성하겠다'는 의욕을 갖게 된다. 동시에 자신의 실력으로 위로 오를 수 있다는 기대감도 가질 수 있다.

이런 것들이 강력한 동기부여가 된다.

　우선, 목표를 설정할 때는 직속상사와 의논해 자신의 그레이드에 맞는 목표달성 항목을 스스로 정한다. 그레이드가 높은 사람은 높은 목표를 설정해야 한다. 그레이드가 높을수록 더 높은 목표를 설정할 수 있고, 그 목표를 달성해야 진정한 실력으로 평가받을 수 있다.

　연간 단위 목표가 정해지면 그것을 월간 단위로 나누고, 다시 주간 단위로 나눈다. 달성할 목표를 이처럼 항목별로 구체화하면서 현실적인 계획을 세운다. 계속해서 새로운 목표를 설정하고 목표를 달성한다. 동시에 자기계발이나 더 나아지기 위한 노력을 하고 싶다는 기분이 들게 하기 위해서는, 그렇게 해야 하는 이유나 목적을 분명히 해야 한다.

　1년은 52주, 6개월은 26주, 1분기는 13주, 이런 식으로 주 단위로 의식하며 눈앞에 있는 일뿐만 아니라 1년 후, 6개월 후, 월 단위 등으로 명확한 목표를 설정한다. 그래서 확실하게 시간을 투자하는 것을 익힌다. 매번 수치화한 목표를 현장에서 실행하고 정기적으로 체크하며 달성 정도를 분석하고 개선점들을 파악해 기록한다. 그리고 연초에 세우는 목표를 1년 단위가 아니라 3년, 5년, 10년 후 '나는 어떤 모습이 되어 있을까?' 하는 식으로 장래를 생각하면서 목표를 설정하는 것이 바람직하다. 일회성이 아닌 지속성을 체득하기 위함이다. 그것이 10년간 지속되면 자연스럽게 전문가의 수준에 도달한다.

야나이 사장은 "이렇게 목표관리를 하는 것은 결코 만만한 작업이 아니지만, 처음부터 몸에 익히는 것이 중요하다."고 강조한다. 목표관리를 빨리 몸에 익히는 것이야말로 승진할 수 있는 지름길이다.

리더의 위치에 올라서야 한다는 생각을 하면 자신의 현재 수준, 능력, 미래에 대한 준비상황 등을 점검하게 된다. 길고 넓은 시야로 조감하면 자신이 진정 하고 싶은 소중한 것들, 그것들을 위해 지금 무엇을 해야 하는지가 보이기 시작한다.

점장을 경험했던 나카무라는 목표설정의 중요성을 다음과 같이 말한다.

"상사에게 보고할 때는 결론부터 말했습니다. 예를 들면, '1위를 하겠다'고 말하는 것입니다. 그런 다음 어떻게 할 것인지를 구체적으로 말합니다. 그만큼 고심하고 생각했다는 것을 철저하게 보여주는 것입니다. 중요한 것은 목표설정입니다. 그렇게 목표를 설정한 뒤에는 목표대로 구체적으로 생각해서 만들어내면 됩니다. 치밀하게 최대한의 가능성을 검토하면서 점장은 목표치를 크게 설정합니다. 임원은 이를 검토해 구체적으로 가능성을 체크하게 됩니다. 방법론적인 면에서 부족한 부분에 대해 지적받으면 보충했습니다. 매장에 돌아와서는 월 단위로 분해한 뒤 이를 다시 주 단위로 분해하는 과정을 거쳤습니다."

이번에는 블록리더를 지낸 아카이다 마키의 사례를 살펴보자. 그녀는 입사 6개월 만에 점장대리로 승진한, 높은 목표와 어려움을 노력으로 이겨내 압축성장한 인물이다. 아카이다는 목표달성 프로그램의 달인으로, 직원 교육, 재고 계획, 매장 레이아웃 등 유니클로 전반적인 경영에 큰 영향력을 발휘하고 있다. 특히, 상품개발 아이디어회의, 상품회의에서 지대한 공헌을 했다는 평을 듣는다. 상품기획을 담당하는 MD, 각 부서의 리더, 영업부장들이 그녀의 의견을 들으러 찾아온다. 평소 그녀는 메모하는 습관을 철저히 하고 이를 업무에 활용한 덕분이라고 말한다. 지나가는 고객들의 말 한마디도 개선과 고객창출 아이디어로 활용한다.

그리고 자신이 많은 일을 소화해내고 계획대로 추진할 수 있는 원동력은 '업무계획표'에 있다고 강조한다. 그녀가 만든 목표달성을 위한 행동계획표나 업무계획표 등은 전 사원들이 보고 배우는 사례로 유명하다.

자립형 인간 교육 '하라다 프로그램'이 만든 기적

유니클로가 급성장하면서 매장도 급속하게 늘어났지만 점장들의 능력이 따라주지 못해 여러 가지 문제가 발생했다. 점장들의 평균 연령대는 20대 후반으로 너무 젊은 데다, 매장 운영, 직원 교육에 한계가 있었다. 사실, 전국 모든 매장의 통일성과 동일 수준을 유지하기 위해 1,500여개에 달하는 항목으로 세분화해 구성한 매뉴얼은 이미 있었다. 하지만 직원들은 그 매뉴얼 이상의 능력을 발휘하지 못했다. 대형매장사업개발부 리더를 지낸 사나다 히데노부는 자신이 점장 시절에 겪었던 어려움을 다음과 같이 토로하였다.

"순조롭게 성장한 것처럼 보이지만 많은 실패가 있었습니다. 무엇보다도 젊은 나이에 점장이 됐기 때문에 특히 인간관계 면에서 실패를 많이 경험했습니다. 점장이 되어 다른 매장으로 발령을 받고 가보니 나보다 경험이 많은 베테랑 직원들이 많았습니다. 그들과 신뢰관계를 구축하려면 어떻게 해야 할지가 가장 큰 고민이었습니다."

유니클로가 최고의 인재육성을 위해 지속적으로 막대한 투자를 하고 있는 이유가 여기에 있다. 각 개인들의 성장 없이는 조직도 성장하거나 발전할 수 없다는 것에 대해 다들 공감하고 있었다. 유니클로는 그 방법을 고민하다 하라다 다카시로부터 컨설팅을 받게 되었다.

하라다 다카시는 오사카의 중학교 체육교사였다. 교내 폭력으로 얼룩진 이 학교 육상부를 재건해 개인종목에서 7년간 13회나 국내 1위 선수를 배출하는 위업을 달성했다. 육상 엘리트 선수들이 모인 학교가 아니라, 보통 학생들이 육상부에 들어와 훈련을 받아 그런 결과를 냈기 때문에 사람들은 '기적'이라고 말했다. 하라다 교육의 핵심은 '자주성'을 키우는 것이다. 유니클로는 자립형 인간 교육을 중심으로 한 그의 방법에 공감해 그에게 도움을 요청하게 된 것이다. 하라다는 자신의 이름을 딴 '하라다 프로그램'의 핵심에 대해 이렇게 설명한다.

"성공은 반복 가능한 기술입니다. 우선, 자신의 목표를 설정하고, 달성에 성공합니다. 그리고 그것을 반복할 수 있도록 습관화합니다. 그렇게 되면 작은 성공들이 쌓이면서 큰 성공을 이루게 되는 것입니다."

보통 학생들을 선수로 키워낸 하라다 프로그램의 실제 사례를 잠시 살펴보자.

먼저 학생들에게 목표설정시트를 작성하게 한다. 정말 '꿈같은 목표', 거기서 약간 목표치를 낮춘 '만족할 만한 목표', 그다음에는 반드시 달성해야 할 '최소한의 목표'를 기록한다. 이를 위한 단기, 중기, 상기적인 목표를 세우고 3개월, 6개월, 1년 후의 목표를 기록한다. 그런 다음 어떻게 현실을 극복하며 목표를 달성할 수 있을지에 대한 방법을 스스로 고민하고 작성하게 한다. 목표달성을 위한 행동계획을 매일 쓰고 또 쓰면서 목표를 달성한 미래 모습을 온몸으로 이미지화한다. 자신의 단점보다는 장점을 찾아내 상세하게 기록한 후 그것을 계속해서 연마하기 위해 노력한다. 자신의 장점을 계속 강화하기 위해 집중하는 것이 포인트다.

이 프로그램은 목표달성을 위한 노력과 의지를 끊임없이 솟구치게 하고 스스로 의욕을 불태우게 한다. 목표에 대한 집념과 체력 그리고 발전에 필요한 지력知力 등이 종합적으로 움직이면서 목표달성 여부가 결정된다.

이 프로그램을 유니클로 현장에도 적용했다. 작성한 목표설정 시트를 이루려면 기술적인 부분과 정신적인 부분의 트레이닝이 필요하다. 그런 과정이 없다면 점장이 되겠다는 이상과 현실의 과정 사이에 갭이 생긴다. 그 갭을 극복하지 못할 경우 특정한 사람들만 성공할 수 있는 회사라는 결론을 내리게 되어 많은 이들이 꿈과 이상을 포기하게 된다. 그래서 프로세스를 즐길 수 있도록 했다. 목표로 삼은 것들 중에서 달성한 것과 아직 달성하지 못한 것들을 점검하고 직접 평가함으로써 성취감을 맛보게 했다. 동시에 개선해야 할 점을 스스로 느낄 수 있게 했다.

보통의 교육 프로그램은 무조건 받아들여야 하는 일방적인 학습인 경우가 많다. 이를 개선해 교육생을 중심에 두었다. 다시 말해서 실행할 현장 중심의 프로그램으로 바꾸었더니 직원들의 호응도가 좋았고 효과도 뛰어났다. 다른 동료들의 내용을 있는 그대로 공유하는 것도 중요하다. 그렇게 하면 짧은 기간에 다양한 목표달성의 방법, 실행 아이디어, 교훈, 난관이나 문제 해결법 등을 배울 수 있다. 최종적으로 각 개인이 성장하고, 고객만족도가 올라가면서 고객이 늘어났다.

하라다 프로그램을 실행할 때 가장 중요한 부분은 목표를 구체적으로 설정하는 것이다. 그래야 실적이 오르고 승진할 수 있다. 물론 이와 더불어 연봉도 올라간다. 무턱대고 일만 열심히 한다고 실적이 올라가는 것이 아니라는 점을 명심해야 한다. 어디를 가든 나름 '열심히' 일하고 있다. 그렇게 열심히는 '누구나' 할 수 있는 일이다. 중요한 것은 단지 열심히만 하지 말고 제대로 성과를 내야 한다는 사실이다. 이를 위해 유니클로는 '생각하면서 일하는 습관'에 집중하도록 했다.

처음부터 스스로 옥죌 만한 수준의 부담스런 목표를 설정하기보다는 단계적으로 목표의 수준을 높여가야 지속적인 성장으로 이어진다. 유니클로가 몇 개의 그레이드를 구분해 목표 수준을 정할 수 있게 한 것도 이 때문이다. 다양한 인재들이 자신이 소화할 수 있는 속도로 성장할 수 있는 조직이 바람직한 모습이다.

9 자신보다 똑똑한 리더를 키우는 사람이 진짜 리더다

인재들이 도전할 장을 열어주는 것이 리더의 몫이다. 성공의 반대는 '아무것도 하지 않는 것'이다. 현실적으로 어렵다 하지 말고, 현실적으로 가능한 방법을 찾도록 도우라.

위대한 기업들의 공통분모를 분석하고 실천적인 경영원리를 전파해 세계에서 강력한 영향력을 행사하고 있는 짐 콜린스Jim Collins는 좋은 회사가 위대한 회사로 도약할 때 리더들은 조직이라는 버스에 적합한 사람은 태우고 부적합한 사람들은 내리게 하는 일부터 시작했다고 분석한다.

어떤 조직이든 사람들이 어떻게 일하냐에 따라 그 조직의 성패가 좌우되기 마련이다. 콜린스는 '사람이 가장 중요한 자산'이라는 점에는 자신도 동의한다고 말한다. 하지만 조직에는 '적합한 사람'이 가장 중요하다고 강조한다. 적합한 사람들을 태우게 되면 누군가에게 책임을 물을 필요가 거의 없어지기 때문이다. 왜

냐하면, 버스에 태운 사람들은 능란하게 꾀를 부리는 그런 사람들이 아니기 때문이다. 꾀를 부리는 교활한 인재들로 가득한 조직은 폐쇄적이고 부서나 팀 사이에 소통도 잘 이루어지지 않는다. 게다가 바다 위에 떠 있는 섬처럼 무관심에 찌들어 있다. 그들은 다들 자신만의 그 꾀를 공개하길 꺼린다. 잘 숙련되고 다듬어진 실력이 아니다보니 공개되면 '별것 아니네'라며 무시당하고 따돌림 당할 수 있다는 두려움 때문에 더욱 폐쇄적이 된다.

한 일간지에 '직장인들은 일할수록 손해를 본다는 생각에 자신이 가진 능력의 70~80%만 사용해 일한다'는 내용의 기사가 실렸다. 120%를 발휘해도 살아남을까 말까 한 어려운 상황인데, 이런 의식이라면 회사도 뒷걸음이고, 개인에게도 분명 마이너스 성장이 될테니 이는 엄청난 손해다.

'맘에 들지 않는 차장 때문에, 보기 싫은 부장 때문에 일하기 싫다', '능력도 없는 부장만 잘되라고 하는 일이니 대충 해야지', '나는 월급만 받으면 돼', '어차피 나 좋아지는 것도 아닌데', '더 판다고 내 것 되는 것도 아닌데' 등의 이런 생각, 이런 의식으로 잠식되면 그 조직은 죽은 조직이 된다. 모두 같이 죽자는 것과 무엇이 다른가. 이런 식으로 불만을 가장한 변명이 통하지 않는 조직이 되기 위해서 리더의 솔선수범은 필수다.

유니클로의 금기사항 중에는 '남을 탓하는 태도'와 '마지못해 일하는 태도'가 있다. 그래서 '다 같이 일할수록 좋은 회사를 만들어야 한다', '일하고 싶은 조직을 만들어내는 것이 리더들의 역할이다'라는 생각을 모두가 공유하고 있다.

일하고 싶은 회사는 편한 회사가 아니라 성장하는 회사다. 회사가 성장하지 않으면 곧 개인에게 부메랑처럼 위기가 오기 때문이다. 남들이 부러워하는 회사에 입사한 똑똑한 인재들이 '희망이 없다', '열심히 해도 알아주는 사람이 없다', '혼자서는 도저히 아무것도 할 수 없다'며 회사를 떠나는 경우가 있다. 하지만 그런 회사일수록 엄청난 기회가 내재되어 있다는 사실을 알아야 한다. 나 자신이 나서서 회사를 개혁해보는 것은 어떨까? 물론 조직을 개혁한다는 것, 그 개혁을 주도한다는 것은 상상할 수 없을 만큼 어려운 난관들로 가득하다. 그러나 다른 측면에서 보면 어디에서도 경험할 수 없는 성장의 기회이고 내공을 쌓을 기회다.

야나이 사장의 결단

심리학자들은 최고의 성적과 좋은 학력을 가진 사람일수록 실패를 두려워할 확률이 높다고 말한다. 모두가 그렇지는 않겠지만,

늘 상위권의 성적을 받으며 좋은 학교에 다녔던 사람들은 아무래도 실패한 경험이 적을 가능성이 높다. 그러다 보면 실패 후에 자신에게 쏟아질 주변의 차가운 시선이 더욱 두렵고 부담스럽기 마련이다.

그렇다면, 낮은 성적에 학력이 좋지 않은 사람은 실패를 두려워하지 않는가? 그것도 아니다. 이 또한 일반화할 수 없다. 하지만 좋은 성적을 받아본 적도, 높은 실적을 경험한 적 없는 사람들은 대체로 미래에 대한 기대치가 낮고, '나는 원래 무능한 사람'이라 생각해 지레 포기하고 마는 경향이 있다고 한다.

여기서 사고의 전환이 필요하다. 결코 실패를 두려워해서는 안 된다. 조직 전체가 실패를 두려워하지 않고 혼연일체가 되어 실행력을 높여야 한다. 만약 조직의 간부나 리더가 실패가 두렵다고 새로운 것을 시도하지 않는다면 그 밑에 있는 사람들은 절대 움직이지 않는다. 당연한 것 아니겠는가. 야나이 사장은 '실패를 두려워하면 진정한 리더라고 말할 수 없다'고 강조하며 실패를 두려워하는 리더들에게 이렇게 일갈한다.

"움직여야 합니다. 패하더라도 시도한 다음 패하십시오. 그런 뒤 빠르게 수정해 더 강해져서 돌아오십시오. 그리고 마지막에는 반드시 승리하십시오."

리더에게는 '내가 실패를 두려워하면 모두 죽는다'는 마음가짐이 중요하다. 세계 최고를 놓고 겨루는 올림픽 결승에 서면 그때부터는 멘털 게임, 즉 정신력 싸움이다. 운동경기뿐만 아니라 비즈니스 정글도 멘털 게임이다. '자기경영' 측면에서 보면 승패는 자기 자신이 결정한다. 스스로 먼저 포기하기 때문에 지는 것이다. 실패보다 포기가 더 무서운 법이다. 리더가 멘털 게임에서 지면 그 조직은 백발백중 무너진다.

1990년대 중반부터 신사복 브랜드가 고전하면서 의류업계들은 캐주얼 브랜드를 연이어 내놓았다. 이런 시장의 변화로 유니클로는 위기의식을 느꼈다. 대형 의류업체들이 공격적으로 캐주얼 분야에 파고들었지만, 당시만 해도 유니클로는 지명도가 약했고 품질에 대한 신뢰를 제대로 얻지 못한 상태였다. 지금과 비교하면 당시 상품은 정말 형편없었다. 공급업체들을 찾아 저렴한 옷들을 구매해 셀프서비스로 저렴하게 판매하고 있었기 때문이다. 유니클로의 이미지를 한마디로 요약하면 '가격은 저렴하지만 디자인이나 품질 면에서는 아니다'였다. 심지어 '다시는 유니클로 옷을 사지 않겠다'고 선언한 고객도 있었다.

싸기 때문에 어쩔 수 없다는 식으로 구매를 한 이들이 많았다. 야나이 사장은 매장을 순회하다가 상품을 구입한 후 옷만 챙기고 포장지를 그 자리에 버리는 고객을 목격하고는 충격을 받았다고 한다. 당시 상황을 야나이 사장은 다음과 같이 말한다.

"물론 많은 상품 중에서 마음에 든 것만 골라 구입했을 테지만, 유니클로에서 샀다는 것을 다른 사람들에게 알리고 싶어 하지 않는 눈치였습니다."

얼굴이 절로 빨개질 상황이었다. 야나이 사장은 누구나 쉽게 구입할 수 있는 가격에 명품 같은 품질로 만들어낼 수 있다는 믿음을 가지고 있었다. 그는 하루 빨리 '싸구려 제품'이라는 인식을 뒤집고 싶었다. 도대체 유니클로의 어떤 부분이 마음에 들지 않는지 얼마나 심각한지 피부로 느끼고 싶었다. 문제에 정면도전하겠다는 의미였다. 고객들이 문제라고 생각하는 부분을 모조리 해결하는 것이야말로 고객들에게 가장 빨리 인정받을 수 있는 방법이라고 판단한 것이다. '좋은 옷을 제공하고, 모두에게 사랑받는 유니클로'라는 큰 목표와 사명감을 가진 그로서는 정면도전은 당연한 것이었다.

성공한 사람이라면 누구나 '문제를 회피하면 쪼그라들 것이고, 문제에 도전하면 위로 올라간다'는 사실을 잘 안다. 그리고 한 사람의 힘만으로는 불가능한 일도 같은 뜻을 가진 사람들과 회사를 만들어 조금씩 고객을 늘리면 그것이 사회를 바꾸고 결국 사회공헌도 가능하게 될 것이라고 생각했다. 그것이 사업을 하는 사명감이기도 했다. 매장 순회 취재 때 도쿄의 대형 매장에서 점장으로 만났던 도야마는 인터뷰에서 야나이 사장에 대해 다음과 같이 표현했다.

"야나이 사장은 사명감이 강하고 높은 뜻을 품고 있습니다. 존경하는 역사적 인물과 같이 일하고 있다는 게 감동적이고 행복합니다. 그는 패션으로 세계인들을 행복하게 할 유니클로를 만들고 싶다고 말합니다. 공기처럼 없어서는 안 되는 유니클로를 만들고 싶다는 것이죠. 강한 공감을 느낍니다."

소비자에게 내놓은 상품과 서비스는 안 사고는 못 배길 정도로 기대를 뛰어넘는 가치가 있어야 한다. 다시 말해서 강력한 소구능력이 있어야 한다. 강렬한 화장발을 무기로 물건을 팔 생각을 하는 사람은 생각이 죽은 사람이다. 야구 경기에서도 이기려면 홈런만으로는 부족하다. 작은 점수를 계속 내야 한다. 비즈니스 정글에서도 디테일에 강해야 고객이 감동하고, 결국 경쟁에서 승리할 수 있다.

그렇다면 유니클로는 공기처럼 없어서는 안 되는 그런 브랜드를 목표로 해 이를 달성하기 위해 구체적으로 어떤 시도를 했을까? 유니클로는 먼저 소비자에게 사랑받는 옷을 만들기 위해 그들이 불평불만을 직접 듣기로 했다. 파격적인 광고로 고객의 속내와 머릿속 생각들을 직접 들을 수 있는 접점을 만든 것이다.

"유니클로에 불만을 말하고 100만 엔"

유니클로가 고쳤으면 하는 부분을 알려주면 사례하겠다는 의미였다. 이 광고를 기획한 사람은 다름 아닌 야나이 사장이었다. 그는 '우리 상품이 어디가 나쁜지를 누구보다 잘 알고 있는 사람은 그것을 사서 입는 사람'이라는 확신을 가지고 있었다. 광고가 나오자마자 매일같이 엄청난 분량의 편지가 날아들었다. 전국 각지에서 모여든 불평불만, 문제점, 순수한 후기, 아이디어까지 편지는 모두 3만여 통에 달했다고 한다. 그 내용은 다양했다.

- 단추가 바로 떨어졌다.

- 한 번 입은 바지가 찢어졌다.

- 옷감이 너무 약하다.

- 한 번 입고 세탁을 했는데, 물이 빠져 다른 옷까지 못 쓰게 됐다.

- 서비스가 엉망이다.

- 한 번 빨았는데 목 부분이 늘어졌다.

- 1,900엔 하는 트레이닝복을 한 번 빨았더니 실이 풀렸고, 두 번째 빨았더니 옆구리에 구멍이 났다. 이젠 다시는 사러 안 간다.

- 매장에 사람이 너무 많아 도떼기시장 같다. 개판이다.

진정한 사랑의 매를 든 고객을 정성껏 선정해 100만 엔을 증정했다. '다들 변명하기 바쁜데 이런 광고를 내다니 대단한 회사'라는 응원의 편지도 있었다. 사실 이때의 3만여 사랑의 매가 지금의 유니클로를 만들었다고 해도 과언이 아니다. 이를 통해 모든 임직원들이 현실을 정확히 인식했고, 하나된 모습으로 문제해결에 모두가 집중할 수 있게 된 계기가 된 것도 큰 수확이었다. 야나이 사장은 그들이 전해준 한 마디 한 마디가 감사하고 또 감사하다는 생각이 들었다고 말한다. 그 덕분에 지금의 사랑받는 브랜드가 될 수 있었기 때문이다.

"고객들의 불평과 불만이 담긴 편지를 읽다 보면 실망스럽고 낙담할 내용으로 가득했습니다. 하지만 당시 우리가 위치해 있는 수준과 우리가 도달해야 할 수준을 아는 데 너무나도 중요한 정보를 얻은 일대 사건이었습니다."

그렇다. 우리가 현실을 극복하기 위해서는 먼저 현실의 문제들에 회피하지 않고 제대로 직면할 필요가 있다. 그리고 혼자가 아니라 팀으로, 전사적으로 승리하는 방법을 찾으면 된다. 야나이 사장은 성공하려면 먼저 실패부터 하라고 말한다. 실패를 두려워하지 말고 적극적으로 도전해야 한다는 의미다. 그렇다고 실패했다고 단정하거나 포기할 필요는 없다. 현실에 맞춰 빠르게 수정하고 새로운 대응방법을 찾아 성공을 향해 접근해가면 된다. 누구나 실패를 두려워한다. 하지만 그 두려운 마음을 누구보다 빨리 떨쳐버려 스피디하게 궤도를 수정하는 게 중요하다.

실패한 후 원인을 분석하면 반드시 위로 오를 방법이 보인다. 얼마든지 진로를 수정하거나 방법을 개선할 수 있다. 간단한 예로, 우리의 출근길을 한번 떠올려보자. 회사로 가는 길이 얼마나 많은가. 모든 산악인들의 목표인 세계 최고봉 에베레스트 산도 마찬가지다. 정상에 오를 수 있는 길은 단 하나가 아니다.

많은 경영자들이 자신의 의사결정으로 사업이 실패하면 인정하기 싫어하며 어떻게든 만회하겠다는 생각에 똑같은 방식으로 고집을 부린다. 그러다보면 대응이 늦어지기 일쑤다. 하지만 야나이 사장은 '빨리 수정하고 방향전환을 해야 한다'는 원칙을 지킨다. 그는 이렇게 말했다.

"새로운 사업은 원래 실패하기 쉽습니다. 실패는 누구에게나 기분 좋지 않은 일이며 싫은 일이죠. 그러나 뚜껑을 덮어버리면 반드시 같은 종류의 실패를 반복하게 마련입니다. 실패는 단순한 상처가 아닙니다. 실패에는 다음으로 이어지는 성공의 싹이 숨어 있습니다."

실패하면 빨리 그만두는 것이 상책이라고 생각할 수 있다. 그렇게 되면 열 가지를 시도하지만 단 하나 제대로 성공하기도 힘들다. 매번 고생을 해도 마무리가 좋지 않다 보니 늘 그 자리다. 당장 때려 치고, 포기하고 싶은 마음이 목구멍까지 차오를지라도, 남은 힘을 짜내 누르고 인내해 더 나은 방법을 찾아 기필코 해결하는 습관이 절실히 필요하다.

실제로 성공한 사람들을 살펴보면 실패나 난국이 그들을 한 단계 위로 상승시켜준 안내자 역할을 했음을 알 수 있다. 실패나 좌절, 역경들을 스스로 극복해야 하는 '인간성장'의 기회로 봐야 한다. 그러면 성공으로 이어질 가능성도 높아진다.

리스크를 관리할 수 있도록 철저히 준비하면 실패한다 해도 치명상을 입지 않는다. 많은 사람들이 '실패하면 감점이다', '실패하면 찍힌다', '실패하면 죽는다'는 사고방식을 갖고 있다. 하지만 유니클로는 실패를 감내할 수 있는 리스크 관리능력을 강조한다. 혁신을 위해 실패를 두려워하지 않는 도전정신을 갖자는 것이다. 이는 위를 보고 걸어가는 사람들의 특징이기도 하다. 이들은 실패를 거듭하면서 더 강해져 결국은 성공한다.

누구나 꿈꾸고 희망하는 것은 천국이다. 하지만 '꿈은 천국에 가깝고, 현실은 지옥에 가깝다'는 말이 있다. 꿈과 희망을 이루기 위해서는 지옥과 같은 현실의 가시밭길을 통과해야 한다. 그런 의미에서 야나이 사장은 리더를 포함한 모든 임직원이 '1승 9패의 정신'으로 임해야 한다는 메시지를 전한다. 올라야 할 산이 높으면 높을수록 산세는 험하고 지나야 할 계곡도 깊기 마련이다. 그런 험난한 산길을 지나지 않고서는 결코 높은 산에 오를 수 없다. 1승이라는 높은 산을 오르기 위해서는 9번 이상 낭떠러지 같은 험한 계곡으로 굴러 떨어져도 또 다시 올라야 한다. 1승 9패의 정신은 9번의 역경을 딛고서라도 기필코 정상에 오르겠다는 각오다.

그는 세계 최고라는 산이 얼마나 험난한 길인지 잘 알고 있기에 늘 '1승 9패'를 강조하는 것이다. '아무리 어려워도 결국에는 성공한다'는 믿음과 강한 추진력을 전하기 위해서다.

공정한 '완전실력주의'로 인재 혁신

유니클로는 '완전실력주의'를 추구한다. 동시에 실패를 용인하고 이를 통해 성장할 수 있는 기회를 부여한다. '시행착오를 두려워하지 마라! 반성하고, 사과하고, 다시 개선해 하고자 하는 것을 기어코 이뤄내면 된다'는 유니클로 정신이 그것이다. 이런 이유로 대기업이나 다국적기업에서 경력을 쌓은 많은 인재들이 입사를 희망한다. 나는 현장 순회 인터뷰에서 만났던 사람들에게 '많은 기업들 중에서 무엇이 유니클로를 선택하도록 했는가?'라는 질문을 공통적으로 던졌다. 이 물음에 대해 가장 많이 돌아온 답변은 이것이었다.

"유니클로는 완전실력주의를 추구한다는 것에 끌렸습니다."

혈기왕성하고 의욕적인 젊은 사람들은 자신이 하고 싶은 것을 할 수 있는 조직에 들어가 실컷 일하면서 성취감에서 오는 희열과 기쁨을 느끼고 싶어 한다.

유니클로 직원들은 자신의 그레이드를 높이기 위해 엄청난 열정을 보인다. 각 개인의 급여 기준이 되는 그레이드를 높이기 위해서는 매분기 실시되는 업무고과에서 좋은 평가를 쌓아야 한다. 그레이드가 높으면 그만큼 많은 일을 해내야 한다는 의미다. 우선 점장이 되기 위해 치열하게 학습하고, 학습한 내용을 가지고 현장에서 실행해 체크하고 다시 학습한다.

신주쿠점 점장을 지낸 오야는 압축 성장의 좋은 표본이다. 나와의 인터뷰에서 그는 입사 당시 자신의 목표는 '하루 빨리 점장이 되는 것'이었다고 밝혔다. 그래서 그는 최고가 되겠다는 생각만 했다. 실무적인 일에서 최고가 되기 위해 판매사 자격증을 공부해 단 3개월 만에 취득했고, 디스플레이를 잘하고 싶다는 생각에 컬러코디네이터 자격증도 땄다. 여기에 멈추지 않고 학습회나 모임 등에도 참여해 다른 자격증들도 취득했다. 단순히 자격증 취득이 목적이 아니라 스스로를 동기부여하기 위한 과정으로 생각했다. '여기서 1등이 되어 보겠다'는 생각으로 일에 몰입하며 혼신의 힘을 쏟았다. 결국 강한 집념이 있었기에 그는 1년 만에 점장에 올랐다. '노력해서 결과로 보여주면 반드시 보상이 따른다'는 공정한 완전실력주의가 있기에 가능한 일이다.

유니클로의 프로그램은 다른 기업들의 교육과정보다 더 치밀하고 더 현장 중심적이다. 강도 또한 높다. 본부에서 주최하는 집합연수나 교육만으로 끝나는 것이 아니다. 항상 현장과 연계되어 있으며 주어진 과제를 현장에서 실천하고 그 결과를 토대로 다음 연수나 교육 때 학습하는 형식이다. 학습과 실무훈련을 반복적으로 실시하면서 '체크와 개선'이 이루어지므로 확실하게 수준을 높일 수 있다.

유니클로 점장들은 '미래를 생각하는 모임'을 자발적으로 갖는다. 자신들의 분신을 만들기 위해 슈퍼스타점장들이 중심이 되어 매주 금요일 아침에 1시간씩 학습회를 여는 식이다. 자신을 뛰어넘을 점장을 어떻게 양성할 수 있을지 고민하고 연구하며 정보를 공유한다. 각자 가지고 있는 현안이나 애로사항도 꺼내놓고 서로 경험이나 아이디어를 공유하면서 해결한다.

물론 점장이 되겠다는 젊은 직원들이 이런 과정에 참여하고 이수했다고 누구나 점장이 되는 것은 아니다. 그리고 똑같은 기간에 점장이 되거나 리더가 되는 것도 아니다. 매월 '업무평가'라고 부르는 체크리스트를 통해 평가를 받는다. 그리고 그 결과를 점수화해서 일정 수준에 오른 사람만 점장 자격시험에 응시할 수 있다. 빠른 사람은 6개월 혹은 1년 만에 점장이 되기도 한다.

점장을 경험한 뒤 본부 인사부에서 일했던 하시모토 신이치는 점장 프로그램을 이수했던 과정에 대해 이렇게 말한다.

"정말 힘들었고 그만두고 싶은 생각이 든 적도 있었습니다. 그러나 대부분의 회사에서는 젊다는 이유로, 경험이 없다는 이유로 진정으로 해보고 싶은 비중 있는 일들을 맡아볼 기회를 주지 않습니다. 그런데 유니클로에서는 모든 것을 책임지고 진두지휘할 수 있는 점장이 될 수 있다는 것 때문에 어려움을 참고 견딜 수 있었습니다. 그리고 무엇보다 꿈을 꾸는 그런 내 자신이 행복했습니다. 유니클로는 젊었을 때 열심히 해서 성장하고 싶다는 의욕 있는 사람들이 모여들고 있습니다."

유니클로를 퇴직하고 다른 곳으로 이직한 이들도 유니클로에서 그야말로 '힘들게' 배웠던 경험을 소중하게 생각한다. 현재 일본 편의점업계에 근무하고 있는 전 유니클로 직원은 이렇게 말했다.

"지금은 유니클로에 비하면 힘들지 않습니다. 제대로 일을 배울 수 있게 해준 것에 대해 감사하게 생각합니다."

앞에서 소개했던, 대형매장사업개발부 리더를 지낸 사나다 히데노부는 입사 6개월 만에 점장으로 승진했다. 이후 슈퍼바이저와 블록리더를 거치며 성공가도를 달렸다. 그리고 본인의 회망으로 유니클로 해외사업 구축 업무에 참여하기도 했다. 영어 실력이 많이 부족했음에도 영국에서 3년, 미국에서 2년간 훌륭하게 업무를 수행했다. 그는 한 잡지와의 인터뷰에서 자신이 유니클로에 입사한 이유를 다음과 같이 설명했다.

"완전실력주의에 자기성장을 실현할 수 있는 회사에 입사하길 원했습니다. 젊은이들이 쉽게 생각하는, 이른바 트렌드에 맞춰 잘나가는 회사, 유명한 회사, 금전적인 대우가 좋은 회사라는 이유만으로 선택했다면 후회했을 것입니다."

사나다는 유니클로가 '내가 하고 싶은 일을 할 수 있게 해주는 회사'이고 '일을 통해 확실하게 평가해주는 회사'라고 자신 있게 말한다.

신주쿠점 점장을 지낸 후루카와 에리는 지명도나 외형적인 이미지만 보고 회사를 선택하는 사람들에게 의미 있는 말을 던진다.

"직장을 선택할 때 안정성을 최우선으로 보는 사람들이 많습니다. 하지만 막상 직장생활을 해보면 입사 전 생각했던 이상과 현실의 괴리감이 보이게 됩니다. '생각과는 다르다', '이미지와 차이가 너무 크다', '이럴 줄은 몰랐다'는 식으로 후회 가득한 말만 남기고 직장을 떠나곤 합니다."

후루카와는 후배들에게 좋은 회사를 찾는 것보다 '어떤 회사에서 일할까', '그 회사에서 무엇을 할까', '어떤 목표를 가지고 어떤 식으로 일할까'라는 질문을 던지며 회사를 정하는 것이 바람직하다고 충고한다.

"나는 스스로 어떤 형태로 일하고 싶은지를 우선 생각한 뒤, 내가 원하는 스타일로 일해서 성과를 얻을 수 있을 만한 회사인지를 보았습니다. 유니클로는 어떤 실력을 갖췄는지, 어느 대학 출신인지, 어떤 자격증을 가졌는가를 보지 않았죠. 대신, 스스로 어떻게 기회를 만들어갈 것인가를 물었습니다. 완전실력주의를 추구하기 때문에 편한 회사를 원하는 사람들은 절대 선택하지 않습니다. 이 회사에는 다들 기회를 잡기 위해 들어옵니다. 그래서 모든 동료들이 열정적입니다."

일하고 싶은 조직, 성장의 무대를 만들어라

성공의 반대는 실패가 아니라 '아무것도 하지 않는 것'이다. 실패를 해봐야 희망을 얻을 수 있고, 그 실패에서 성공의 힌트를 얻어낼 수 있다. 막연하게 '어렵다', '안 된다'는 생각을 버리고 현실적으로 생각해야 한다. '현실적으로 어렵다'고 할 것이 아니라, '현실적으로 가능한 방법'을 찾아야 한다는 말이다. 발전을 가져다줄 대부분의 것들은 사실 현실적으로 본다면 성공 확률이 낮다. 그렇기 때문에 성공했을 때 얻을 수 있는 반대급부가 크기 마련이다.

실패를 하지 않겠다는 생각만 가지고 있거나 실패를 지나치게 두려워하는 사람들은 쉬운 것만 하려 든다. '이 정도는 충분히 가능하겠다'는 생각이 드는 것에만 관심을 보인다. 그러다 보니 새롭게 고민하거나 또 다른 방법을 궁리할 필요가 없어진다. 늘 해오던 방식으로 하면 되기 때문이다. 그런 식으로 행동하다 보면 현실과는 점점 멀어진다. 연차는 늘어가는데 실력과 능력은 제자리걸음이다. 이런 사람들은 눈앞에 놓인 실패라는 결과를 애써 외면하고 싶어 한다. 그럴수록 같은 실수를 반복하고 실패에서 아무것도 배우지 못한다.

자신의 일에 애정을 가지고 있는 사람들은 자신이 가진 약점을 이야기하고 경험했던 실패에 대해 나눈다. 어떤 부분이 부족해 실패했는지 분석한다. 역동적이고 활력이 넘치는 발전적인 조직은 실패를 다 같이 공유한다. 한 가지의 실패에서도 원인은 무엇인지 냉정하고 진지하게 생각하는 것이 중요하다. 그러면 계속해서 실패하더라도 이를 통해 더욱 강해진다.

실패는 단순한 상처가 아니다. 실패에는 그다음에 경험할 성공으로 이어지는 싹이 숨어 있기 마련이다. 그러므로 실행하면서 생각하고 또 수정해나가면 된다. 어떤 길이든 앞으로 나아가기 위해 도전은 필수다. 제자리에 머물러 있으면 머지않아 결국 도태되고 만다. 비즈니스 정글에서는 어느 한자리에서 안락하게 살아남는다는 일은 불가능하다. 도전만이 살아남을 수 있는 방법이다.

원래 사업이란 실패하는 것이 다반사다. 그러니 리더의 자격을 얻기 위해서는 실패에 더욱 강해져야 한다. 이 말은 최악의 상황에서도 결코 포기하지 않고 기어코 성공을 이루겠다는 투철한 정신을 가진 사람만이 리더가 될 자격이 있다는 의미다. '기어코 해내고야 말겠다'고 다짐하며 시작하는 사람과 '안 되면 말고…'라고 생각하는 사람의 결과는 뻔하지 않겠는가.

사람들이 실패를 두려워하는, 감추고 덮어버리려고만 하는 가장 큰 이유는 사실 사람들의 냉소적인 반응이다. "그렇게 해서 되겠어?", "네 실력으론 아무래도 어렵지…", "세상이 그렇게 만만치 않아.", "이미 다들 실패한 것들이야…" 등등. 어느 하나 다시 한번 해보자는 말은 없다. 시도해볼 가치도 없다는 말이 대부분이다.

실패와 좌절을 과정이라고 생각하면 더욱 강해질 수 있다. 반면 그것을 끝이라고 생각하면 사그라지고 만다. 정말 위대한 성공을 이루는 사람들은 수없이 거절당하거나 무시당하면서도 더 강해져서 돌아오는 사람들이다. 이런 사람들은 실패를 성공의 양식으로 생각하고, 성공할 수 있는 노하우를 찾아내는 기회로 받아들인다. 다시 말하지만, 뭔가 실패했다는 것은 새로운 시도를 해본 것이다. 용기가 없는 사람, 두려움에 떨고 있는 사람, 성공의 열정보다는 실패 때문에 소극적인 그런 사람들의 이야기에 '경청'이라는 예절을 지킬 필요는 없다.

경영진이나 간부가 해야 할 가장 중요한 일 중 하나는 조직을 지배하는 게 아니다. 바로 조직 전체에 산소를 불어넣는 일이다. 직원들을 펄떡이게 하고 성장하게 할 무대를 고치고 만드는 작업이다. 조직을 어떻게 고칠 것인가에 대한 질문을 스스로 던지고, 모여서 답을 내는 게 경영진과 간부들이 우선적으로 해야 할 작업이다. 여기 전사적인 동기부여와 성장동력을 만들어내는 데 큰 영감을 줄 사례를 소개한다.

유니클로가 1999년 도쿄 증권거래소 1부에 상장하기 직전의 일이다. 야나이 사장은 1998년 12월 26일 13명의 임원에게 이메일을 보냈다. 매월 1회 임원합숙회의를 진행하는데, 연말연시를 보내고 신년 첫 번째 회의에서 토론하고 해결책을 찾자는 내용이었다. 긴급하고 단기적인 것들을 제외한 장기적인 과제에 대해 검토해야 했다. 그리고 경영진이 먼저 나서서 직원들에게 일하고 싶은 장을 만들어 미래의 리더들을 육성하자는 취지였다. 다음의 내용은 오랫동안 유니클로 감사역을 해온 야스모토 다카하루가 밝힌, 당시 야나이 사장이 임원들에게 보낸 이메일에 담긴 논의 주제 중 일부이다.

- 2001년 8월 결산 때까지 무엇을 어떻게 개혁할 것인가?

- 다른 기업과 어떻게 차별화할 것인가?

- 점장의 전근을 어떻게 하면 3년에 1회 정도로 할 수 있는가?

- 점장이 연봉을 배로 받으려면 어떻게 해야 하고, 어떤 필요조건을 갖춰야 하는가?

- 모든 매장을 최고 수준의 점장들로 채우기 위해서는 무엇을 어떻게 해야 할까?

- 점장의 일을 노동집약형에서 지식집약형으로 하기 위해서는 어떻게 해야 실현 가능한가?

- 비용 추가 없이, 고객 불편 없이 매장의 작업량을 대폭 줄이려면 어떻게 해야 할까?

- 매장에서 일어나는 문제점에 대해 점장이 정확하고 신속하게 파악하기 위해서는 어떻게 해야 할까?

- 고객의 요구와 필요 등과 같은 판매 현장에서의 정보 파악과 본부에서의 적절하고 명확한 대응이 아직 불충분한데 그 해결방법은 무엇인가?

- 2001년 8월 결산까지 연간 최적의 신규 매장 확대 측면에서, 매장의 질을 상당히 높인다는 전제하에 몇 곳을 늘리는 것이 좋은가?

이런 질문은 업종과 업계를 불문하고 리더들이 팀원들을 이끌면서 해결해야 할 숙제와도 같다. 생산현장, 업무지원부서, 영업조직 등 모든 부서의 리더들이 팀원에게 동기부여를 하고 능력 있는 인재로 성장시키기 위한 고민들이다. 그 이후에는 다음의 내용들로 이어졌을 것이다.

- 이직률을 낮추고 제대로 교육시켜 직원 스스로 자신의 성장에 놀랄 수 있는 교육 프로그램은 무엇인가?

- 잔업을 줄이고 압축업무를 소화해낼 수 있는 교육 프로그램은 어떤 구성이 바람직한가?

- 여성의 결혼과 출산 문제를 회사를 그만두지 않아도 충분히 해결할 수 있는 시스템을 구축하기 위해 무엇이 필요한가?

- 일하고 싶은 여성들이 출산 후에도 유니클로에 복귀할 수 있도록 하기 위해서는 어떻게 해야 할까?

- 유능한 아르바이트 직원, 파트타임 직원들을 정직원으로 정착시키기 위해서는 어떻게 해야 할까?

- 여성 리더들을 대폭 늘리려면 어떤 지원이 필요한가?

- 여성 인재를 남성 인재 이상으로 육성하기 위해서는 어떤 제도적 개선이 필요한가?

- 장애인 고용 비율이 가장 높은 기업이 되기 위해서는 어떻게 해야 할까?

유니클로의 임원들과 리더들은 함께 고민에 고민을 거듭했다. 그리고 그 결과들을 가지고 현장에 적용해 최고의 성과를 만들어 냈다. 유니클로는 야나이 사장을 필두로 조직 전체가 항상 변화에 능동적으로 대응했다. 외부에서 충격을 받은 뒤 변신하면 너무 늦기 때문에 스스로 변신을 선택한 것이다.

"리더가 결심하면 개혁할 수 있습니다. 회사의 운명은 리더들로 인해 대부분 결정됩니다. 그러므로 자신이 할 수 없다고 생각하는 리더는 자리에서 물러나는 것이 맞습니다."

일하는 리더가 필요하다는 야나이 사장의 분명한 철학을 볼 수 있는 말이다.

"간혹 불황을 탓하는 경영자, 불황으로 위로받으려는 경영자가 있습니다. 그런 회사는 결국 망하게 되어 있습니다. 아무리 불황이라지만, 그 속에서 모든 기업이 망하는 것은 아닙니다. 시장은 반드시 있는 법이죠. 그 시장을 우리가 선점하겠다는 생각이 필요합니다. 나는 이상과 기대, 희망하는 수준이 다른 사람들보다 훨씬 높다고 생각합니다. 진정한 리더들은 모두 그렇다고 봅니다. 불가능해 보이는 것들을 실현하기 위해서는 어떻게 해야 할지 늘 생각합니다. 하지만 작아지는 리더들은 현실만 생각하고, 이상을 잊고 있는 경우가 많습니다."

이는 야나이 사장이 자신에게 던지는 말이기도 하다. 또한 내부 리더들에게 똑같이 공유하자는 말이기도 할 것이다.

리더는 사람을 움직이는 능력이 전부다

유니클로는 현장에서 사람을 움직일 수 있는 힘을 가진 리더를 양성하는 것을 우선으로 하고 있다. 그렇기에 리더가 되기 위해서는 업무능력뿐만 아니라 인간적 능력도 갖춰야 한다. 유니클로의 리더는 업무와 인간관계의 균형을 갖춘 인재로 성장한다. 이것을 가능하게 하는 것이 바로 '점장 프로젝트'다. 점장 프로젝트의 핵심은 '무엇을 해도 성공할 수 있는 인재 만들기'다.

이 프로젝트에서는 혼자 잘하는 방법보다는 다 같이 동참해 잘할 수 있는 방법을 가르친다. 서로 동기부여하고 함께 최상의 해법을 만들어내고 역할분담을 통해 그것을 철저히 실행한다. 그리고 결과에 대해서도 같이 분석하고 각자의 역할에 대해 처음에 세운 목표, 달성 항목별로 스스로 평가해서 개선안을 내놓고 더 높은 목표를 다시 설정하는 시간을 갖는다. 이것을 반복함으로써 다 같이 빠른 속도로 성장해간다.

신입사원을 채용해 이후 몇 명이나 점장 교육을 이수하게 했는지, 몇 명이나 점장 시험에 합격시켰으며, 점장대리까지 몇 명이 도달했는지도 점장을 평가하는 중요한 기준이 된다. 어쩌면 매출을 얼마나 끌어올렸는가보다 더 중요한 능력인지도 모른다.

주어진 일, 자기가 맡은 일만 잘했다고 리더라는 위치에 오를 수 있는 것은 아니다. 이는 유니클로에만 해당하는 이야기가 아니다. 리더는 자신과 동료들에게 끊임없이 동기부여를 할 수 있어야 한다. 구성원들의 정서적인 에너지나 정신적인 에너지도 끄집어내야 한다. 즉 '사람을 움직일 수 있는 능력', 내재되어 있는 '잠재능력을 이끌어낼 수 있는 인간적인 능력'을 갖춰야 한다.

내가 지금까지 변화코칭을 해오면서 높은 지위에 오른 사람들에게 그동안 무엇이 가장 힘들었는지 물어보면 업무보다는 사람 때문에 힘들었다는 대답을 많이 들었다. 그만큼 인간관계가 쉽지 않다는 의미다. 그러나 조직에서 아랫사람들을 이끄는 높은 지위에 오르려면 이 과정을 잘 극복해내야 한다. 그렇지 못하면 그 자리를 오래도록 유지하기 힘들다. 비즈니스 정글에서 살아남기 위해서는 동료들이나 상사와 부하 등 인간관계를 원활하게 풀어가는 것이 무엇보다 중요하기 때문이다.

앞서 소개한 신주쿠점 점장을 지낸 후루카와 에리는 입사 후 9개월 정도가 지났을 때 직속상사로부터 "점장이 되려면 아직 멀었다."는 말을 듣고 매우 억울했다고 한다. 하루빨리 점장이 되려고 최선을 다해 열심히 일하고 있는데 그런 말을 들으니 의욕이 떨어졌다. 하지만 이 일을 계기로 자신을 돌아볼 수 있었다. 그동안 업무에 쫓겨 주위를 둘러볼 여력이 없었던 것이다.

점장이 되려면 전체를 보고 앞을 내다볼 수 있어야 한다. 그리고 동료들을 일에 참여시키고 이끌어갈 수 있는 인간적 능력을 갖춰야 한다. 이것이 주어진 일만 잘하면 되는 보통의 직원들과 점장의 차이점이다. 경영자 마인드를 가진 사람과 그렇지 못한 사람의 행동과 결과는 극과 극이다. 애초부터 경쟁이 될 수 없다. 후루카와는 이런 점에 눈을 뜨기 시작했다. 동시에 목표관리에 대한 깨달음도 얻었다. 그는 한 인터뷰에서 다음과 같이 말했다.

"앞을 내다보면서 일하지 않으면 결코 점장의 역할을 해낼 수 없다는 말을 듣고 중요한 깨달음을 얻었습니다. 그 이후 목표를 설정하고 기간 내에 달성하기 위해 무엇을 해야 하는지 생각하는 습관을 들였습니다."

리더란 조직의 목적을 분명히 하고 목표를 세워 다양한 사람들이 한 방향을 향해 함께 나아가게 만들어야 한다. 후루카와는 '모두 혼연일체가 되어 목표를 향해 무섭게 집중하면서 이를 달성하고 성과를 냈을 때 가장 기뻤다'고 말하면서 리더를 꿈꾸는 사람들은 세 가지 자질을 꼭 갖출 것을 조언했다.

"실패하고 억울할 때 더 강해져 돌아와야 합니다. 사람을 움직이는 인간적 능력이 업무능력 이상으로 뛰어나야 합니다. 그리고 입으로만 평가하는 능력이 아니라, 끝까지 책임지는 해결능력을 반드시 갖춰야 합니다."

10 유니클로의 인간중심경영이 주목받는 이유

> 유니클로는 군림하고 복종시킬, '부리기 좋은 사람'을 뽑지 않았다.
> 한 사람이 가지고 있는 가능성을 볼 줄 알았고, 인재양성을 통해 성
> 장동력을 마련했다. 이것이 유니클로의 가장 큰 무기다.

야나이 사장이 경영자 육성에 심혈을 기울이고 있는 것은 기업경영에 대한 자신의 철학 때문이다.

"새로운 업계를 개척한 사람으로 역사에 길이 남을 경영자일지라도, 자칫 물러날 때 매끄럽지 못하게 되면 좋은 인상을 남길 수 없게 됩니다. 자기 자녀에게 회사를 물려주고 싶은 생각에 실력 있는 경영진이나 임원들을 자회사로 보낸다거나 스스로 물러나게 한다면 그는 진정으로 회사를 생각하는 사람이라고 절대 말할 수 없습니다."

야나이 사장은 창업 초기부터 '경영자가 잘못하면 회사는 경영자와 함께 몰락한다'는 철학을 가지고 긴장감을 유지해온 경영자

다. '65세 이후 언제든지 경영자로서 촉이나 능력이 부족하다고 느낄 때는 과감하게 물러나겠다'는 뜻 또한 계속 밝혀왔다.

사실 그는 경영권 이전에 한 번 실패했었다. 후계자의 조건으로 유니클로를 100% 이해하고 있는 젊은 CEO의 필요성을 강조했던 그였다. 2002년 11월, 만 40세의 젊은 다마쓰카 겐이치에게 사장 자리를 물려주면서 '유능한 젊은 경영자에게 경영권을 이전하겠다'는 약속을 지켜 사람들로부터 찬사를 받았다.

다마쓰카는 대학 졸업 후 1985년부터 일본에서 직장생활을 하다가 미국으로 유학해 1997년에는 MBA를 취득한 후 1998년 일본 IBM에 입사했다. 하지만 입사 후 4개월 만에 유니클로가 스카우트했고, 초스피드로 사장에 취임한 것이다. 하지만 불과 3년 뒤인 2005년에 야나이 사장은 온갖 비난을 무릅쓰고 사장으로 다시 돌아왔다. 플리스 붐 이후 젊은 개혁을 기대했지만 대기업병에서 벗어나지 못하는 모습을 보고 자신이 직접 나서서 쇄신하기 위해서였다.

"지금은 긴급한 사태입니다. 누군가의 강력한 리더십이 필요한 시기입니다. 변화에 대한 조직 내부의 저항이 심해 카리스마 경영이 필요한 시점입니다. 지금의 모습은 지속성장을 추구하는 조직이라고 할 수 없습니다. 현실안주형 조직으로 이상하게 변하고 있다고 봅니다. 하루빨리 정상화할 필요가 있습니다."

그는 사장 복귀를 알리는 기자회견에서 이와 같이 말했다. 지나
친 경영권 집착이라고 생각할 수 있겠지만, '지속 가능한 성장을
하는 기업'을 만들겠다는 그의 강한 집념을 다시 한 번 알리는 말
이었다. 그의 복귀 후 유니클로는 급성장 모드로 바뀌었고 '글로
벌 No.1'이라는 항해 목표를 다시 한 번 분명히 했다.

사실 60대는 경영자로 볼 때 아직 왕성하게 활동할 수 있는 나
이다. 게다가 창업자인 경우는 70대 혹은 80대까지도 현역에서
일하고 있는 경우도 다수 있다. 소프트뱅크의 손정의도 은퇴 시기
를 늦춘 바 있다.

야나이 사장은 '경영자란 현장뿐만 아니라 다른 분야에서도 왕
성한 학습을 통해 조직의 미래를 책임져야 하는 중책이기에 강한
체력과 집중력은 필수'라고 강조해왔다. 그렇지 않고 지시만 하는
경영자는 아무리 중요하다고 역설해도 단순한 '표어'나 '구호'로
끝나버려 행동이 따라주지 않는 조직으로 전락하기 쉽다는 것이
다. 그래서 스스로 가능한 조금이라도 젊었을 때 경영자에서 물러
나고 싶다고 공언해왔고, 젊은 경영자를 양성하는 데 막대한 금액
을 투자하겠다고 했던 이유가 바로 여기에 있다. 최근에도 계속해
서 내외부적으로 후계자군을 발굴하고, 동시에 다양한 측면에서

후계자를 검증하고 있다. 그만큼 사람을 통한 지속 가능한 경영이
무엇보다 중요하기 때문이다.

계속 배워야 그릇이 커진다

야나이 사장은 젊은 회사를 만들기 위해 늘 최상의 컨디션과 젊
은 생각을 유지하기 위해 노력하는 경영자다. 그래서 특별한 일이
없으면 일찍 퇴근하며, 체력관리와 학습을 통해 미래를 준비하는
CEO다. 저녁모임이나 회식도 그다지 즐기지 않는다. 젊은 직원
들을 위한 미래 청사진에 대한 책임감 때문이다. 그는 인맥을 넓
힌다는 명분으로 경제인이나 정치인 등과 활발하게 사교모임을
갖는 여타의 경영자들과 다르다.

예전에 유니클로에서 집행임원으로 근무했고, 일본 IBM에서
임원으로 근무한 바 있는 나토리 가쓰야는 열정적으로 학습하며
회사를 키우는 야나이 사장에 대해 이렇게 평했다.

"야나이 사장은 24시간 항상 사업에 대해 생각하고 있다고 보
면 됩니다. 공과 사를 떠나 공정하죠. 그는 흡사 태양과 같이 항상
빛과 열을 발산하고, 회사 전체를 비추는 사람입니다. 그 강력한
열정과 에너지는 가까이 가면 갈수록 압도됩니다."

야나이 사장은 젊은 사람들에게 열심히 학습하고 본질을 꿰뚫어보라고 독려한다. 제대로 공부하지 않고 일하면 피상적인 것만 보게 되어 눈앞에 보이는 일을 처리하기에 급급해진다. 길게 투자하지 못하기 때문이다. 나와 생각이 다른 사람들과 많이 소통하고 스타일이 다른 이들의 성공사례를 연구해야 한다. 거기서 힌트를 얻고 학습하면서 자신의 그릇을 키워야 한다. 그래야 다양한 가치관과 생각을 가진 사람을 한 방향으로 이끌 수 있는 리더십을 몸에 익힐 수 있다.

야나이 사장은 1984년 유니클로를 시작하기 전에도 많은 세미나에 적극적으로 참가하면서 공부를 멈추지 않았다. 당시 일본의 패션계 선지자라 불린 오하라 요코의 세미나, 미국의 브랜드할인점 CEO 초빙 세미나 등에도 빠지지 않고 참석하며 의욕적인 모습을 보였다. 그런 적극적인 학습에서 다양한 영감을 얻어 그것이 유니클로 탄생으로 이어진 것이다.

"비즈니스의 본질은 동서고금을 통해 변한 것이 없습니다. 우리가 그 본질을 어떻게 해석하고 받아들여야 하는가를 생각하면 전략은 자연스럽게 세워지고 해결책이 보입니다."

그가 모든 임직원들에게 '모든 문제를 볼 때는 그것의 본질을 봐야 한다'고 강조하는 것도 끊임없이 학습하면서 본질을 통찰하는 능력을 키우자는 취지이다. 어떤 사업 분야든 본질은 같다. 당연한 일을 어떻게 당연하게 해낼 수 있는가가 문제다. 야나이 사장이 본질에 대해 날카롭게 지적한 말을 들어보자.

"본질이란 누구나 다 할 수 있는 일이기 마련입니다. 누군들 못하겠습니까, 문제는 스피드의 차이입니다. 누군들 못하겠습니까, 바로 디테일의 차이입니다. 누군들 못하겠습니까, 일을 보는 생각의 차이입니다. 누군들 못하겠습니까, 그 생각의 깊이 차이입니다. 누군들 못하겠습니까, 어떤 어려움에도 흔들리지 않는 지속성의 차이입니다. 누군들 못하겠습니까, 참여하고 역할을 맡으며 공헌하겠다는 의식의 차이입니다. 누군들 못하겠습니까, 끝까지 해내겠다는 의지의 차이입니다. 결국, 이 모든 것은 학습을 통한 사람의 성장이 필요한 것입니다."

유니클로는 이미 세계적인 수준에 도달했다고 볼 수 있다. 하지만 그들은 멈추지 않고 지금도 끊임없이 고민하면서 '이대로 족한가'라는 질문을 던지며 계속해서 앞으로 나아가고 있다. '이대로는 만족할 수 없다'는 생각으로 자기를 무장하고 끊임없이 성장을 갈망하며 변화와 혁신을 지속하는 것이다. 그들의 마음속에는 열정이 꿈틀거리고 있다. 일에 대한 몰입과 지적 하드워킹을 통해 그들은 개선하고 창조한다.

야나이 사장은 위로 오르려는 열정 없이 그대로 묻어가려는 행위를 용납하지 않는다. 높은 목표를 이루기 위해서는 시행착오가 있기 마련이다. 그런 시행착오나 난관, 실패들을 이겨내기 위해서는 식지 않는 열정이 필수적이다. 어떤 일이든 가장 큰 패인은 '내 안에 열정이 사라지는 것'이다. 먼저 내면을 열정으로 채우고 변화하고 진화해야 한다.

앞서 소개했던, 신주쿠점 점장을 지낸 오야는 학습과 자기 계발의 중요성을 다음과 같이 설명했다.

"유니클로의 장점은 '스피드'입니다. 스피드를 올리기 위해서는 각 개인들이 학습을 해야 합니다. 학습하지 않으면 모든 것은 후퇴의 길로 접어듭니다. 일을 잘하기 위해서 자기관리도 잘해야만 합니다. 자신에게 충실하지 않으면 오랫동안 일을 잘할 수 없죠. 취미생활도 하고 건강관리에도 투자해야 하는 것입니다. 저의 경우 여름에는 서핑과 같은 스포츠도 즐기고 있습니다. 반년에 한 번씩 미국 여행도 다녀오고, 유럽과 같은 다른 문화권의 사람들과 커뮤니케이션도 즐기고 있습니다."

하라주쿠점 점장을 지낸 나카무라도 비슷한 이야기를 전해준다.

"경제 관련 책을 읽습니다. 건강관리를 위해 운동을 하고 직접 식자재를 구해 집에서는 요리를 하기도 합니다. 리더가 되기 위해서는 자기관리가 중요하다는 생각에 철저히 실천하는 편입니다. 밖에서는 일을 잘하지만, 집안일에 게으르다면 반쪽 인생이라고 생각합니다. 이렇게 되면 장기적으로는 이겨낼 수 없다고 봅니다. 회사에서도, 집에서도 잘하겠다는 생각으로 임합니다. 다른 매장을 체크할 뿐만 아니라 다른 브랜드의 전단지도 살펴보고, 다른 브랜드 매장의 디스플레이도 분석합니다. 점장의 위치에서, 사장의 위치에서 살펴보기도 합니다. '고객에게 저렇게 응대하는 것보다 이렇게 하는 편이 낫지 않을까? 나라면 고객에게 이렇게 했을 것'이라는 식으로 계속해서 상상하고 그려봅니다. 매장관리 수준을 높이기 위해 숫자 공부도 하고 있습니다. 판매상황표를 항상 가지고 다니면서 분석하는 것이죠. 매출을 올릴 수 있는 방법을 계속해서 고민하고 있습니다."

나아갈 방향이 명확한 '벡터 경영'

잘나가는 기업이나 위대한 조직에 들어가 같이 일을 하거나 강연을 해보면 '보이지 않는 힘'이 느껴진다. '잘나가는 기업은 뭔가가 다르다'는 말처럼 느껴지는 촉감들이 분명 다르다. 그들에게서는 힘의 방향이 있다. 그것을 나는 '벡터vector 경영'이라 부른다.

조직을 키우는 힘은 그 조직에 속해 있는 사람들의 힘이다. 그들의 힘이 한 방향으로 모아져야 제대로 된 힘을 발휘할 수 있다. 여기서 말하는 힘이란 사람들의 생각, 이념, 열정, 의욕 등이다.

경영은 전체가 가야 할 한 방향을 정해 다양한 사람들이 함께 나아가는 것이다. 그리고 가지고 있는 제한적인 자원을 최적으로 배분하고 배치해 사람을 움직여 고객을 창출해나가는 것이다. 결국 모든 것은 사람이 하는 것으로 사람이 어떻게 움직이느냐에 따라 결과가 달라진다. 이때 리더들의 역할이 가장 중요하다.

나아가야 할 방향을 인식하고 있는 리더가 '고객창출'로 이어질 수 있는 방향으로 힘을 써야 한다. 그래야 2명이 3명의 일을 하고, 5명이 10명의 힘을 발휘한다. 이것이 조직만이 가질 수 있는 힘이다. 그리고 그 방향과 목표는 고객에게 가치를 제공하고 새로운 고객창출을 실현해 사회공헌으로 이어진다.

여기서 한 방향이란 구성원이 힘을 하나로 모아 산 정상을 향해 함께 오르는 것과 같다. 이때 산을 오르는 길과 방법은 매우 다양하다. 그래서 다양한 인재가 필요한 것이다. 단, 방향과 목표는 일치해야 한다. 다양한 사람들이 다양한 생각으로 각자 알아서 다른 정상을 향해 움직여도 된다는 의미가 결코 아니다. 유니클로에 몸담았던 한 직원은 인터뷰에서 이렇게 표현했다.

"전원이 목표를 향해 달립니다. 한 사람도 흐트러지지 않고, 한

눈파는 사람 없이 다 같이 달려야 한다고 항상 강조합니다. 그렇기에 항상 긴장감이 있습니다. 나는 태만한 유니클로를 본 적이 없습니다."

아무리 유능한 인재라도 자기 자신만을 위해 일할 생각을 하면 주변에 사람들이 따라오지 않는다. 나중에는 실력을 발휘할 기회조차 사라진다. 평범한 범인들이 모여 비범한 성과를 내고, 다양한 능력을 가진 많은 사람들이 모여 하나의 커다란 성과를 내는 곳이 조직이다. 각각 다른 재능을 가진 사람들이 팀을 구성해 조직적으로 일하면서 참가한 인원수 이상의 힘과 능력을 발휘하는 곳이 조직이라는 말이다.

평범한 사람이 풀코스 마라톤에 출전해 느닷없이 우승할 수는 없다. 잘 훈련된 보통의 사람들이 42.195km를 나눠서 달리면 놀랄 만한 신기록을 세울 수도 있다. 내리막길에 강한 사람, 오르막길에 강한 사람, 평지에 강한 사람, 비포장도로에 강한 사람, 순발력이 강한 사람, 지구력이 강한 사람 등이 모이기 때문이다.

밑바닥에서 시작해 리더의 위치에 오른 사나다 히데노부는 리더가 조직 내에서 어떻게 행동하는 것이 바람직한지에 대한 조언을 들려준다.

"일반 직원들이 하는 일을 함께 해봄으로써 현장에서 수행하는 일의 내용이 어떤지, 어느 정도 힘든지 이해하면서 신뢰를 구축했습니다. 학창시절에는 혼자만 잘하면 되었습니다. 혼자 독수공방, 도를 닦듯이 공부하면 1등을 할 수 있었죠. 그러나 비즈니스 정글은 그 반대였습니다. 동료들을 참여시키고, 때로는 독려해 그들의 역량을 이끌어내야 했습니다. 나로 인해 주변 사람들이 함께 의지로 불타올라야 합니다. 그리고 책임을 지고 문제를 해결해 성과를 내야 합니다. 혼자만 잘하면 되는 공부와는 완전히 다릅니다. 그것을 알지 못하면 공부 근육만 있고 일 근육이 없는 것이 됩니다. 같이 고민하면 일이 수월하게 풀릴 뿐 아니라 더불어 성장할 수 있습니다."

비즈니스는 단체경기라는 사실을 잊어서는 안 된다. 그러니 다양한 사람들이 하나의 경기에 집중해야 한다. 경기에 이기기 위해서는 혼연일체가 되어야 한다. 지속적인 개인 성장을 통해 회사와 사회에 공헌하겠다는 생각 없이는 자신의 발전도 없다. 좋은 팀을 만들기 위해 구성원은 다음과 같은 조건을 갖추어야 한다.

긍지를 가질 수 있는 목표, 목적을 분명히 하는 것이 기본적으로 바탕이 된다. 자신이 맡은 포지션을 충실히 소화할 수 있어야 하고 밑바닥 일을 다 같이, 또 철저히 한다. 조직의 룰을 파악하고 숙지한다. 마지막으로 동료의 성격이나 특기와 같은 기량을 파악해 적재적소에 활용할 수 있어야 한다.

'부리기 좋은 사람'을 뽑으면 조직은 무너진다

유능한 인재들과 함께 제대로 일하려면, 그리고 유능한 인재들이 선호하는 기업을 만들기 위해서는 인재들의 실력을 제대로 평가해야 한다. 열심히 일한 사람과 성과도 내지 못한 사람을 동일하게 대우하면 누가 그곳에서 일하고 싶어 할 것인가. 그러다 보면 조직 전체가 결국 하향평준화되어 다 같이 몰락하고 만다.

"나를 포함한 유니클로의 모든 리더들은 자신보다 우수한 사람을 채용하겠다는 생각을 갖는 것이 바람직합니다. 그것이 진정한 리더의 역할이기 때문입니다"

야나이 사장은 이렇게 강조하며 '부리기 좋은 사람'을 채용하겠다는 생각을 버려야 한다고 말한다. 사실 나보다 우수한 사람을 직접 채용하기란 쉽지 않다. 내가 뽑은 사람으로 인해 나의 자리가 위협받을 수 있다는 생각을 한다면 진정한 인재 채용에 실패하게 된다. 군림하겠다는 생각이나 부하직원들을 복종시키겠다는 생각이 깔려 있기 때문이다.

회사가 성장하려면 간부들이 부하직원을 제대로 육성해야 한다. 간부들이 편안하게 자리보전만 생각한다면 인재가 성장하지 못한다. 높은 목표를 가진 의욕 있고 능력 계발에 열심인 부하직원을 두려워하면, 다루기 만만한 직원만 편애하는 조직

<u>문화를 만들게 된다.</u> 학연이나 지연을 중심으로 사람을 모으는 것도 마찬가지다. 이렇게 되면 부서나 팀 사이 파벌과 갈등이 생긴다. 심각해지면 정보 공유는 사라지고, 중복된 업무를 하게 된다. 그 결과 조직의 생산성이 떨어지고 기회 손실은 커진다.

유니클로는 그런 부분을 방지하기 위해 업무평가를 통해 공정하게 소통한다. 임원들은 부하직원을 어떻게 육성하고 성장시켰는가에 따라 평가를 받는다. 공정한 평가를 위해 공개성과 투명성을 원칙으로 한다. 인사고과는 분기별로 실시하는데 오직 인사고과만을 위해 4~5회 임원회의를 실시할 정도로 공정하고 세밀하게 운영한다. 글로벌 커뮤니케이션부 리더를 지낸 아오노는 필자와의 인터뷰에서 "누구나 납득하는 인사고과 실행이 우리의 장점"이라고 수차례 강조했다.

1998년 6월 시작한 ABC개혁으로 인사평가 시스템에도 변화가 생겼다. 인사제도를 변화시켜 직원들의 의식과 행동에 변화를 주고, 그를 토대로 제품개발이나 공급망을 재구축해 경영·업무 시스템을 개혁하고자 했다. 인사평가 시스템 개혁의 핵심은 점장에게 경영권을 주는 것이었다. 본부 중심이 아니라 매장 경영을 중심으로 하면서 능력 있는 점장과 실행력 있는 리더를 육성하는 것을 가장 큰 과제로 생각했다. 고객과 가장 가까이에 있는 현장에서 일하는 사람들에 대한 새로운 가치를 정립한 것이다.

기존에는 본부 주도하에 가능한 한 적은 비용으로 매장을 대량으로 열어 같은 서비스, 같은 품질, 같은 상품들을 제공해야 한다고 생각했다. 그리고 본부에서 근무하는 사람들이 더 똑똑하다는 생각이 강했다. '본부에 있는 사람도 일선 매장에 와서 현장이 어떻게 돌아가는지, 고객이 무엇을 요구하는지 알아야 한다'고 아무리 말해도 현장 경험의 필요성을 느끼지 못하는 사람에게는 '쇠귀에 경읽기'였다. 그래서 고객 가까이에서 실전 경험을 쌓은 현장 출신들이 본부를 개혁해가는 것이 더 바람직하다는 판단으로 점장 중심의 경영 혁신을 시작했다. 사실 고객창출이라는 관점에서 보면 현장이 가장 중요하다. 그렇다고 본부에서 일하는 사람에게 현장 경험을 강요하지는 않는다. 스스로 현장 감각이 필요하다고 느낀 경우 일선 매장에서 경험을 쌓을 수 있는 시스템을 마련한 것이다.

유니클로의 평가는 행동평가와 실적평가 두 가지로 나뉜다. 행동평가는 각 그레이드마다 요구되는 여러 항목에 대한 종합평가이다. 조직과 업무의 관리능력, 우수사례 등과 같이 동료나 다른 팀, 회사 전체에 대한 좋은 영향력의 정도, 아이디어나 문제 해결을 위한 해법이나 고민 등을 공유하는 등의 회사의 개선이나 발전을 위한 정보발신력 등을 평가한다. 실적평가는 매출, 이익, 인재

교육 등의 평가항목에 따라 이루어진다.

모든 인사고과에 대한 결과는 각 개인에게 피드백한다. 인사고 과 과정에서 부하직원과 드러블이 생길 수도 있다. 이는 평소에 설정한 목표나 목표달성에 대한 코치를 담당 집행임원이 제대로 못했다는 의미다. 또는 서로 소통이 부족했거나 적절한 동기부여 를 정기적으로 하지 못한 결과이기도 하다.

팀원들의 목표달성 정도와 업무고과 결과는 결국 리더들의 업 무능력 평가의 바로미터가 된다. 성취욕, 목표달성 의지, 팀 공헌 도, 회사 발전 공헌도 등을 의식하면서 기복 없이 성장할 수 있는 인재의 육성이야말로 가장 중요한 간부의 리더십이고 능력이다.

유니클로는 공정한 평가뿐만 아니라 공정한 보상시스템을 자 랑한다. 보상시스템의 가장 큰 특징은 승진이나 능력 평가에 있어 연도나 연차수 제도를 폐지한 것이다. 연차수나 직급에 관계없이 역량을 강화하고 상향적 목표달성을 할 수 있는 뛰어난 인재는 상 위 그레이드로 승진할 수 있게 했다.

인사고과표에는 고과를 책임지는 상사가 코멘트를 기록하고, 최종적으로 해당 부문의 임원이 평가를 한다. 전원평가를 한 후에 는 전체를 한눈에 볼 수 있는 일람표를 만들어 각 부문 간의 형평 성을 살핀다. 평가자들이 평가자료를 서로 교차해서 검토하면서 개인적 주관으로 공정성의 훼손은 없었는지를 살피고 논의해서 바로잡는다. 이 과정에서 팀장이나 부장, 임원의 개인적인 시각이나 관점 차이에서 오는 편차를 없앤다.

매 분기 직급별로 임직원들은 3단계에서 많게는 7단계까지로 세분화되어 평가를 받는다. 이렇게 쌓인 결과를 기준으로 상여나 승진 등을 결정한다. 자신이 목표를 정하고 목표를 달성한 정도에 따라 평가가 이뤄지기 때문에 누구든 스스로 평가할 수 있다. 그레이드가 높으면 목표도 높아야 하고, 그레이드가 낮으면 목표도 낮아지기 때문에 매우 공정하다.

그레이드 승격 평가는 6개월에 한 번씩 이뤄진다. 이렇게 승격 기회가 연간 2회 있지만, 평가결과가 좋으면 한 번에 2단계 승격도 가능하다. 물론 승격뿐 아니라 강등도 있을 수 있다. 유니클로는 다른 일반적인 회사들에 비해 승격과 강등이 심한 편이다. 유니클로의 경우는 이 평가와 보상 부분에서는 계속 업그레이드를 지향한다. 여러 선진기술들을 도입해 이전 계수화나 계량화가 어려웠던 부분들까지 기법들을 진화시켜 공정성을 높이는데 역점을 둔다. 그래서 계속 진화한다. 기회와 관련한 야나이 사장의 말을 들어보면 그의 경영철학을 명백하게 알 수 있다.

"회사는 열심히 하는 사람에게 기회를 제공합니다. 그리고 그 기회는 전적으로 개인이 얻어내야 합니다."

점장은 본부의 기본 방침을 바탕으로 권한을 가지고 경영계획과 재고계획을 세워 매장을 설계하고 조정해 자주적으로 운영한다. 본부의 전략이나 방침과 다른 의견을 내면서 영향력을 발휘하는 것도 권장한다. 매장에서 일할 인재를 직접 채용하고 교육하며 인사고과의 권한도 가진다. 고객 접점에서 문제가 생기면 즉시 정보를 발신해 본부의 담당 업무들을 신속하게 바꾸도록 하는 식이다. 정책을 바꾸고, 기획물을 바꾸고, 서비스를 바꾸고, 절차를 바꾸고, 순서를 바꿀 수 있다. 현장의 발신에 본부는 즉각 반응하고 대응하는 게 원칙이다. 현장은 고객 바로 앞에서 일하고 있기 때문이다. 모든 매장에 본부의 수족들이 아니라 두뇌들이 있는 것이다. 상품을 강매하는 것이 아니라 팔릴 수 있도록 스스로 창조하는 것이다.

'고객이 어떤 매장을 가더라도 서비스의 질에서 차이를 전혀 못 느끼게 운영하는 것이 목표다.' 이런 목표를 위한 유니클로의 매뉴얼은 상당히 디테일하다. 매뉴얼을 소화하고 지키는 것을 뛰어넘어 매뉴얼을 경영하는 것에 가깝다. 어떤 매장을 가더라도 고객들이 최고 수준의 서비스를 받을 수 있도록 유지하는 경영이다.

매장마다 기후나 지역 특성 등에 따라 팔리는 품목과 타이밍이 조금씩 다르다. 그러니 각 매장의 형태를 특성에 맞게 만들면 된다. 모든 것을 같은 위치에 같은 형태로 진열할 필요도 없다. 레이아웃이 다를 수 있다. 정직원이나 아르바이트 직원 등 구성원의 최적의 인원이나 근무시간 역시 다를 수 있다. 그래서 어떤 형태로 발주하고, 어떤 상품을 어느 정도의 수량으로 진열하고 창고에 비치할 것인지, 어떤 형태로 진열할 것인지, 어떻게 완전판매를 달성할 것인지 등을 각 매장마다 스스로 생각하게 했다.

획일화되고 수동적인 본부 주도형 경영이 아니라 능동적인 매장 경영으로 전환하면서 점장의 실적을 연봉에 연동시켰다. 스스로 정한 목표에 따라 권한과 책임이 주어지는, 매장의 완전경영을 지향했다. 입사 후 2년차, 3년차인 20대 중반부터 그런 모든 것을 실행하고 이룰 수 있는 기회가 주어진다. 경영자 훈련이고, 실제 사장이 되라는 것이다.

점장을 목표로 하는 사람들에게 좋은 사례가 되도록 뛰어난 실적을 올린 점장을 선발해 '슈퍼스타점장'이라 이름 붙였다. 이 개혁을 통해 1990년대 말부터는 연봉으로 1억 원을 받는 점장이 탄생했다. 20대 후반, 30대 초반의 나이에 거액을 연봉으로 받는 것이다. 상여금 역시 매출에 연동된다. 많게는 2억 원이 넘는 금액을 받을 수 있다. 물론 매출이 안 좋을 경우는 한 푼도 받지 못한다. 임원의 경우도 뛰어난 실적을 올린 집행임원은 야나이 사장보다 더 많은 연봉을 받는 일도 있다. 해마다 실적에 따라 달라지기에 가능한 일이다.

이후 유니클로는 최고의 성과를 올리는 점장이야말로 유니클로 최고의 인재라는 인식을 갖게 됐다. 매장 중심의 개혁은 전사적인 인사평가 시스템 개혁으로 이어졌고, 오늘날 유니클로 사람들은 '점장이 시작점이자 최종 종착역'이라 생각하면서 '점장이 최고의 자리'라고 이야기하고 있다. 말하자면, 경영자의 자리에 오르는 것이고, 신입부터 그런 의식으로 일하는 문화를 추구한다는 의미다.

유니클로의 완전실력주의는 일선 매장의 직원이나 본부 직원부터 임원까지 모두를 포함한다. 우리가 흔히 생각하는 실적이나 결과가 쉽게 보이고, 계량화나 계수화가 쉬운 곳만이 아니라 모든 부서의 임직원들이다. 보직이나 직책에 따라 여러 그레이드로 나눈다. 초기 4단계나 5단계의 그레이드에서 계속해서 치밀하고 공정한 방향으로 개선해 지금은 10단계가 넘는다. 실력과 능력에 따라 책임과 권한이 달라진다. 크게는 점장대리, 점장, 스타점장, 슈퍼스타점장 등으로 구분할 수 있다. 이 중에서는 슈퍼스타점장이 최고 그레이드다. 실적이나 평가, 그레이드에 따라 연봉에서도 큰 차이를 보인다. 2013년 자료를 보면 점장부터 슈퍼스타점장까지만 봤을 때, 최상위급은 우리 돈 5억 원이 넘는 연봉, 최하위급은 4,400만 원 정도의 연봉을 받는다.

점장을 경험한 후에는 슈퍼바이저가 된다. 슈퍼바이저는 기본적으로 6개 매장을 총괄하는 매니저 역할이다. 슈퍼바이저의 평균 연령은 30세 정도다. 승격한 사람들을 보면 일반적으로 20대 중반에 점장을 경험하고, 20대 후반에 승격된다. 슈퍼바이저까지는 점장과 같은 방식으로 면접과 필기시험을 거친다. 슈퍼바이저도 지나면 전국 15개 블록 중 하나를 총괄하는 블록리더가 된다. 대략 50여개 매장을 총괄하며, 약 300억 엔 정도의 매출을 책임지는 자리다. 빠른 경우는 20대 후반, 평균 32세 정도다.

그 외에도 점장 이후에는 매장관리 업무에 한정되지 않고 원하는 경우 다양한 직종과 부서에서 활약할 수 있다. 본부의 부서나 해외법인, 패스트리테일링 그룹사 중에서 자유롭게 선택할 수 있는 것이다. 이를 통해 다양한 경험을 쌓을 기회를 얻고, 개인의 성장으로 이어지게 된다.

영원한 현역, '장인팀'의 활약

1999년 4월, 유니클로는 생산관리 업무를 더욱 충실히 하기 위해 중국 상하이에 생산관리 사무소를 개설했다. 같은 해 9월에는 중국 광저우에도 생산관리 사무소를 설립해 확실한 대응전략을 구축했다. 유니클로가 판매하는 상품의 90% 정도는 중국에서 생산하고 있었기에 집중관리가 필요했기 때문이다. 이와 함께 일본의 섬유업계에서 오랫동안 근무한 숙련기술자나 정년퇴직자를 중심으로 뜻을 같이할 업계의 장인들을 모집했다. 그리고 그 장인들 200여명이 최고의 품질을 위해 현지에 파견되었다. 이전 200곳이던 제휴 공장도 품질 관리를 위해 초대형 공장 70곳으로 집중했다.

당시 일본의 섬유산업이 급속히 쇠퇴하면서 중년 이상의 숙련 기술자들이 가진 노하우를 펼칠 장이 일본 내에서 사라졌다. '산업이 썰물처럼 빠져나가면서 일자리를 잃고 은퇴한 숨은 장인들. 그들을 모아 하고 싶은 일을 할 기회를 주고, 보람을 느낄 수 있도록 하자. 각자의 체력이 허락하는 만큼, 하고 싶은 만큼이면 충분하다.' 유니클로는 이런 정신을 바탕으로 이들을 발굴해 파트너로 삼았다. 정년이 지난 장인들은 정직원이든 계약직원이든 본인이 선택해서 일하고 싶은 만큼 일할 수 있게 했다. 신뢰할 수 있는 파트너십 구축을 통해 고품질의 상품을 생산하겠다는 기업철학, 숙련된 인재들에게 기회를 제공하고 지역사회의 경제발전에 공헌하겠다는 취지였다.

'젊다는 게 다 좋은 것이 아니다. 경험이 많고 그 일에 정통한 사람이 활약할 수 있는 장소도 필요하다'는 것이 야나이 사장의 생각이다. 그는 옷 만드는 것이 즐거운, 유능하고 귀중한 인재들을 채용해 같이 호흡하겠다는 의지가 강했다. 동시에 일본의 장인정신도 꽃을 피우게 하고 싶었다. 이러한 유니클로의 장인 프로젝트 덕분에 상품의 품질이 크게 개선되었다. 이는 고객의 충성도를 높이는 결과를 가져왔고, 급성장의 확실한 무기였다.

중국 생산공장에 장인들을 파견했을 초기에는 매주 수차례씩 각 공장을 순회했다. 유럽이나 미국 브랜드는 관리자들이 1년에 1회 정도만 순회를 했지만 이들은 달랐다. 처음부터 우리 공장이라고 생각하고 열정적으로 일했다고 한다. 하지만 이런 방식에 대해 현지인들의 반발이 심해 일하는 데 애로사항이 많았다. 나름 경험이 있다는 현장 여직원들은 '간섭한다'고 받아들였다. 그들은 반감부터 표출하면서 그동안 자신들이 해오던 방식을 고집하려고 했다. 더군다나 유니클로에 대해서는 전혀 알지 못했으므로 노골적인 거부반응을 보였다. 한마디로 '뭐 하러 왔냐'는 식이었다. '우리도 알 만큼 안다'거나 '나름대로 확실히 하고 있다', '불필요한 간섭'이라는 등 요구하는 품질기준에 대해 전혀 이해하려고 하지 않았다. 당시 유니클로 장인팀에서 소재기술을 담당했던 이이다 가즈아키는 이렇게 회고한다.

"장기적인 측면에서 글로벌 No.1이라는 비전을 가지고 2000년부터 본격적으로 장인팀을 만들어 운영했습니다. 처음 중국 공장에 들어갔을 때는 정리정돈이라는 개념조차 없었고, 품질에 대한 인식은커녕 공장관리나 기술지도에 대해서도 반발이 상당히 심했습니다."

섬유회사에서 21년간 근무한 경력을 가지고 있는 이이다는 모든 옷감의 특성을 폭넓게 알고 있는 소재 분야 장인이다. 사실 일에 대한 남다른 애정이 없으면 인내하면서 다른 사람을 가르친다는 것은 쉽지 않은 일이다. 진정성을 가지고 아낌없이 기술을 전수하려는 자세가 필요하다. 희생과 봉사정신이 뒷받침되지 않으면 불가능한 일이다. 당시 중국에서 일했던 또 다른 장인은 다음과 같이 말한다.

"납득할 수 있도록 구체적인 숫자를 가지고 설명할 수밖에 없었습니다. 무엇보다 결과치를 보여주는 것이 중요하다고 생각했습니다. 작업의 낭비나 비생산적인 활동, 불량을 줄임으로써 얻어낼 수 있는 결과치를 만들어내느라 진땀을 흘렸습니다. 그런 행동 개선을 통해 얼마나 비용절감이 가능한지 실질적으로 돈으로 환산해 보여주며 납득할 때까지 인내심을 가지고 접근했습니다."

기술적으로 어려운 부분은 장인팀이 매일 지도했다. 조금씩 시스템을 개량하고 품질이 개선되면서 실적도 차츰 좋아졌다. 실적이 개선되니 자연스레 급여가 많아지고 보너스도 늘어났다. 이뿐만이 아니었다. 공장의 복지시설도 좋아지고 작업환경이 개선되니 노동자들의 피로도가 줄었다. 품질이 좋아지고 생산성이 증가하는 것을 경험하면서 현지 중국인들의 인식도 바뀌기 시작했다. 현장에서 다 함께 즐거워했다. 그러다 보니 서로의 유대관계도 돈독해졌다. 좋은 품질의 상품을 생산한다는 소식이 퍼지자 유럽이나 미국의 의류업체들도 위탁생산을 의뢰해왔다. 공장의 가동률도 높아지고 공장 규모도 점차 커졌다.

유니클로와 파트너 공장들은 엄청난 규모의 설비투자를 계속하고 있다. 일괄생산과 대량생산체제 덕분에 단기간에 투자 회수가 가능한 때문이기도 하지만, 더 중요한 것은 상호신뢰관계를 통해 장기적인 협력체제를 유지할 수 있었기 때문이다. 장인들은 그 큰 공장이 잘못되면 그곳에서 일하는 몇 만 명의 직원들이 일자리를 잃게 된다는 생각에 "긴장감을 가지고 일해야 한다."고 말한다. 이처럼 사명감을 가지고 일하는 장인들이 연결고리가 되어 신뢰성을 유지하고 있기 때문에 공장에 막대한 투자를 아끼지 않는 것이다.

'계약 후 발주량이 폭발적으로 늘었다고 납품원가를 깎지 않는다. 그 돈으로 공장이 설비에 투자해 품질을 높이도록 해야 모두가 사는 길이다.' 이는 유니클로가 초창기부터 고집한 방침이다. 유럽이나 미국의 의류업체는 리스크 회피를 위해 여러 공장과 계약을 하는데, 갑자기 계약을 파기하거나 다른 곳으로 옮겨버리는 경우가 많았다. 공장을 육성하고 키우는 것이 아니라 단지 선택하면 된다고 봤다. 제휴공장이 무려 500곳이 넘는 회사도 있었다. 반면 유니클로는 70곳을 집중적으로 관리했는데, 이는 끝까지 함께 간다는 진정한 파트너십을 지키기 위함이다. 여기에는 거래가 아니라 같이 동행한다는 생각이 뒷받침되어 있다. 당시 유니클로 상하이 사무소 소장을 지낸 이이다 도모오는 다음과 같이 말했다.

"회사 조직은 보이지 않는 형태를 이용해 경제활동을 하고 돈을 벌어들입니다. 그러나 경영환경은 항상 변하고 있기에 돈을 벌 수 있는 기회나 사업을 키울 환경 자체가 사라질 수 있습니다. 자칫 기회를 놓치기라도 한다면 회사가 소멸되기도 합니다. 다른 형태로 새로운 씨를 뿌려놓지 않으면 유효기간이 다 되어 사라지고 말죠. 중소기업이나 하청업체를 우리의 계열사로 생각하고 있습니다. 우리는 함께 연구하고 고민하면서 해법을 찾아갑니다."

그리고 다음과 같은 말도 덧붙인다.

"유니클로는 기대하는 품질 수준이 높습니다. 그 기준을 지키고 또 유지하기 위해서는 절대적인 신뢰관계를 지켜야 하고 양자 모두 책임질 줄 알아야 합니다. 유니클로는 위탁생산 공장에 맡긴 모든 상품을 전량 매입해 완전판매할 책임이 있습니다. 신뢰를 바탕으로 힘을 모으지 않으면 불가능한 일입니다."

이처럼 유니클로의 구성원들은 품질로 고객에게 절대적인 신뢰를 얻어야 지속해서 성장할 수 있다는 점을 누구보다 잘 알고 있다.

오랜 기간 유니클로의 히트상품으로 자리 잡은 청바지가 있다. '유니클로는 청바지를 어떻게 2,900엔에 팔 수 있는가'라는 초창기 카피를 보면 유니클로가 무엇을 목표로, 이를 달성하기 위해 어떻게 일하고 있는지, 현장에서 직원들이 어떤 마음으로 임하고 있는지를 알 수 있다. 이 카피는 회사의 기본적인 자세를 그대로 드러내는 것이며, 임직원들의 자부심이기도 하다. 많은 시행착오와 현실적인 난관을 극복해내는 힘 역시 일에 대한 자부심과 사명감에서 나온다. 한 잡지와의 인터뷰에서 야나이 사장은 다음과 같이 말했다. 그의 열정이 잘 드러나는 대목이다.

"원래 의류업계는 부침이 심합니다. 붐이 일었다가 어느 순간 화려함이 사라지죠. 그렇게 망한 회사도 많습니다. 자만인지도 모르지만, 우리가 팔고 있는 상품들과 비즈니스 방법에 대해서 우리는 남다른 자부심을 가지고 있습니다. 유니클로의 상품은 생활필수품과 패션의 딱 중간 정도입니다. 혹은 양쪽을 겸비하고 있다고도 할 수 있습니다. 유니클로가 없다면 사람들의 일상생활이 곤란해질 것이라고 스스로 생각할 정도의 수준을 목표로 합니다."

지속성장, 결국 사람이 만든다

리더들이 가장 경계하는 유형 중 하나는 겉과 속이 다른 사람이다. 모든 기업경영의 기본은 정직이고, 고객과의 관계나 회사와 인재와의 관계도 신뢰와 정직이 바탕이 된다. 지금 당장 요령껏 일을 해내는 사람보다는 올바른 가치관을 갖추기 위해 노력하는 사람이 장기적인 면에서는 더욱 필요하다. 업무 능력이나 경험은 교육과 일을 통해 키울 수 있는 기회를 줄 수 있지만, 비뚤어진 가치관을 개선한다는 것은 여간해서는 쉽지 않다.

유니클로는 기본적으로 가치관이 올바르고 성장을 위해 고민하는 인재들을 찾는다. 몸에 장애가 있더라도 얼마든지 일을 잘할 수 있지만, 마음과 생각이 비뚤어진 가치관을 갖고 있다면 아무리 똑똑해도 제대로 된 인재로 성장할 수 없다고 본다.

야나이 사장은 피터 드러커의 책이나 여러 경영책들을 탐독하고 경영에 반영해왔다. 그가 탐독한 책에는 항상 메모들이 빼곡히 적혀 있다. 읽을 때 생각 난 아이디어나 새로운 발견은 즉시 기록하는 습관 때문이다. 현안들의 문제해결을 위한 영감을 얻었을 때도 나중에도 쉽게 알아볼 수 있게 자세히 기록한다고 했다. 평소 고객과 사람들의 행복을 위해 기업은 어떤 청사진을 그려야 하며, 어떤 사람들을 조직에 태워야 하는지를 고민해왔다는 증표다. 그리고 채용한 인재들이 가진 소질이나 능력을 최대한 발휘될 수 있는 기업환경을 어떻게 만들어갈 것인지에 대한 힌트를 얻고 참고하는 작업으로 생각했다. 여러 경영자들이나 장수기업 사례가 증명한 '인간중심'의 경영을 실천하기 위해 노력이기도 하다. 그중 하나가 일반인들이 잘 모르는 '잠재능력을 가진 장애인을 고용하자'는 아이디어다. 이는 '인종, 국적, 성별 등 아무런 차별 없이 자신이 가지고 있는 능력을 발휘할 수 있는 조직'을 목표로 한다는 기업철학에 대한 의지였다. 이것은 일반인들의 생각을 완전히 뒤집어놓은 사례가 되었다.

장애인을 고용한다는 계획에 대해 임직원과의 진지한 토론을 거치며 어렵게 생각하지 말고 쉽게 해결할 수 있는 방법을 선택하자는 결론에 도달했다. 그 결과로 이러한 발표를 하게 된다.

"우리는 2001년부터 각 매장에 한 명씩 장애인을 고용할 생각입니다. 그렇게 하면 장애인 고용문제를 어렵지 않게 해결할 수 있습니다."

곧이어 시범적으로 오키나와 매장에 청각장애인을 고용했다. 물론 장애인 고용에 대한 반대의 목소리가 없었던 것은 아니다. '교육에 시간이 지나치게 많이 걸릴 수 있다', '누군가가 계속해서 관리를 해야 한다', '스피드와의 싸움인데 이에 역행하는 행동이다', '고객에 대한 서비스 질이 저하될 수 있다', '커뮤니케이션 문제로 상호 업무 협조가 어렵다' 등의 의견이 쏟아졌다. 하지만 시행 초기의 우려와는 정반대로 실제로는 장애인이 함께 근무하는 매장의 고객서비스가 향상되었다는 결과가 나왔다.

"걱정과는 달리 오히려 조직이 단결하고 서로 배려하는 기업문화가 조성됐습니다. 모두가 놀란 사실입니다. 이에 따라 고객서비스의 질도 올라갔습니다."

당시 담당자의 말처럼, 유니클로 사람들은 장애인을 채용하면서, 염려와는 반대로 더 성장할 수 있는 기회를 얻었다. 조직은 팀워크가 좋아졌다. 누군가가 어려움에 처하면 내 일처럼 다 같이 지원하거나 빈자리를 채우려고 하는 의식이 싹텄다. 또한 주위에 대한 배려심도 훨씬 늘었다. 직원들은 매일 장애인 직원들에게서 힘을 얻고 있다며 우리가 그들을 돕는 것이 아니라 그들이 우리를 돕고 있다는 소감들이 쏟아졌다.

이를 계기로 기업의 사회적 책임을 다하기 위해 장애인 고용을 더욱 확대했다. 직원 5,000명 이상 대기업의 장애인 고용현황을 살펴보면 유니클로가 단연 눈에 띈다. 유니클로는 이같은 선언 이후 1년이 지난 2002년에 장애인 고용률 6%를 돌파했고, 2008년에는 8%를 넘겼다. 당시 법정 고용률인 1.8%를 훨씬 상회하는 수치다.

공격적인 글로벌 전개로 인해 각국 현지에서도 적극적으로 장애인 고용 정책을 펼쳤다. 각국에서 같은 성과를 내기 어려운 부분도 있지만 여전히 6% 전후의 장애인 고용률을 지금도 유지하고 있다. 일본은 2013년 4월부터 장애인의 법정고용률을 1.8%에서 2.0%로 상향 조정했다. 상향된 기준에 비추어 봐도 유니클로의 수치는 단연 돋보인다. 유니클로가 보여준 장애인 고용의 성공사례는 엄두를 내지 못했던 기업들에 영감을 주었고, 사람들의 고정관념을 깨면서 사회적 반향을 일으켰다.

유니클로는 2007년부터 '장애인 고용사례 선진기업'으로서 일본 정부와 도쿄도에 자문을 하고 있다. 지금도 각 기업뿐만 아니라 정부와 지자체가 유니클로의 사례를 배우고 실천하려는 움직임이 활발하다. 장애인 고용 촉진과 근무 지원을 위한 총체적인 플랜을 기획하고 실현한 우에키 토시유키는 세미나와 토론회 등을 통해 전국 지방자치단체나 기업에 지속적으로 도움을 주고 있다. 쉽지 않은 도전이었지만 한 기업의 임직원 모두가 함께하는 도전이 세상을 어떻게 바꿀 수 있는지를 유니클로는 보여줬다.

한 패션마케팅 전문가는 유니클로가 '호화스러움, 명성, 트렌드, 최신성, 패션성을 매년 강화하고 있다'며 변신에 놀라워했다. 이런 노력 덕분에 유니클로는 점점 까다로워지는 소비자를 상대로 최고의 가치창조를 실현할 수 있는 것이다. 다양한 구색을 갖춘 상품성과 첨단 디자인, 질리지 않는 고품질의 '신개념 명품 브랜드'가 유니클로의 지향점이다.

유니클로는 처음부터 고급 브랜드나 명품 브랜드가 아닌 '누구에게나 사랑받는 브랜드'가 목표였다. 이런 브랜드는 누구나 쉽게 도전할 수는 있지만, 어쩌면 가장 구축하기 어려운 브랜드인지도 모른다. 품질이나 가격 등 모든 면에서 고객에게 감동을 줄 수 있을 만큼 상품이 좋아야 하고 사회적으로 따뜻한 기업 이미지를 구축해야만 가능하다. 기업의 존재 이유는 더 나은 현실을 창조하기 위함이다. 그러므로 '더 좋아질 수 있는 일을 해야 한다'는 생각을 견지해야 한다. 그렇지 않으면 기업의 존재 이유는 없다.

오늘날 유니클로는 저렴하고 편안하게 입을 수 있는 캐주얼 브랜드로 자리 잡았을 뿐만 아니라 다른 브랜드는 감히 따라잡을 수 없게 성장하고 있다. 유니클로에 몸담고 있는 다양한 인재들이 하나의 목표를 향해 일사분란하게 움직이며, 몸으로 터득할 때까지 각고의 노력을 기울인 결과물이다. 이들은 자사 상품에 대한 자부심이 대단하다. 나와의 인터뷰에서도 그들은 '오직 유니클로만 고객의 요구를 만족시켜준다'며 No.1의 자부심을 드러냈다.

야나이 사장은 한때 '어떻게 하면 일을 안 하고 편하게 살 수 있을까'를 고민했던 사람이었다. 특히 학창시절에 그런 생각을 많이 했다고 한다. 하지만 유니클로를 시작할 무렵부터 완전히 인생관 자체가 바뀌었다. 경영자의 무게를 이해하기 시작하던 30대 초반부터는 장사꾼에서 탈피하기 위해 직접 경영이념 23조를 만들었다. 그것을 계속해서 업그레이드하며 스스로를 다스렸다. 그만큼 '진정한 경영자란 어떤 것인가'에 대한 질문을 끊임없이 던져온 경영자다.

경영자로서 먼저 부지런히 학습하면서 자신을 개조하려는 노력, 재산증식만 생각하는 모리배가 아니라 직원들과 함께 성장할 좋은 회사를 만드려는 노력, 이런 노력들이 모여 인재들이 유니클로에 모이도록 만든 것이다.

유니클로의 경영진은 과감한 도전 목표를 공유하고, 서로 긴장감을 유지하면서 모두 다 같이 성장할 수 있는 방법을 고민하고 실천하고 있다고 말한다. 유니클로 사람들 또한 회사의 성장 속도에 뒤지지 않도록 항상 자신을 성장시켜야 한다는 적절한 긴장감을 가지고 있다. 직원들에게 목표가 뭐냐고 물어보면 '세계 최고가 되는 것'이라고 모두 똑같은 답을 한다. 한 방향으로 모두가 그렇게 생각하고 실천하고 있는 기업은 드물다. 그만큼 일에 대한 자부심과 회사의 발전에 공헌할 수 있는 인재가 되고 싶어 하는 직원들의 의지가 강한 것이다.

'옷을 바꾸고, 상식을 바꾸고, 세계를 바꾼다'는 유니클로의 비전에서 알 수 있듯이 '기업은 사회의 도구'라는 생각으로 사회에 공헌하는 기업을 꿈꾼다. 정말 좋은 옷, 지금까지 없었던 새로운 가치를 가진 옷을 창조해 전 세계 모든 사람들에게 좋은 옷을 입는 기쁨과 행복, 만족을 제공하겠다는 공약과 함께 세상과 파트너십을 결성한다.

내가 만난 유니클로 사람들은 처음부터 고객과의 접점인 현장에서 철저하게 교육훈련과 실무를 같이 소화하면서 압축 성장한 사람들이었다. 다들 '개인의 성장 없이는 조직의 미래가 열리지 않는다'는 강한 믿음을 가지고 있었다. 한 사람이 가지고 있는 가능성을 볼 줄 아는 회사, 인재를 키우고 그들을 통해 다시 한번 도약하는 회사가 유니클로였다. 지금 이 순간에도 유니클로에서는 인재들을 발굴하고 교육하며 단련시키고 있다. 물론 그들도 이것을 놓고 멈추면 무너진다는 것을 잘 알고 있다. 그렇기에 안주하지 않고 끊임없이 긴장을 유지하고 도약의 발판을 준비하며 일하고 있다.

상식을 바꾸고 세계를 바꾸다

야나이 사장이 부친의 양복점을 물려받은 후 얼마 되지 않았을 때 일이다. 하루는 그의 고등학교 담임선생님과 마주치게 되었다. 그 선생님은 "너는 왜 여기에 있냐?"고 물었다. 와세다대학교까지 졸업했으면서 이런 시골 양복점에 있다는 의미였다. 젊은 시절에는 '어떻게 하면 일하지 않고 살 수 있을까'를 고민하며 빈둥거리기도 했던 야나이 사장이었다. 하지만 선생님의 한마디는 지금의 자신을 보는 사람들의 시선이 어떠한지 느끼게 했다. 야나이 사장은 현재에 만족할 수 없다는 생각을 하게 되었다. 그 한마디가 이왕

할 것 제대로 해보자는 승부욕에 불을 붙인 셈이다.

변화를 선택한 그에게 당시 직원들은 반발했다. 2년이 지나자 모두 떠나가고 단 한 명만 남았다. 당시 회사를 떠난 사람들은 야나이 사장과 유니클로의 성장을 보며 어떤 생각을 했을까? 기회를 걷어 차버린 자신의 선택을 뒤늦게 후회하며 부러워했을까? 사실 야나이 사장의 변화를 받아들이지 못했던 그들은 그 때가 아니었더라도 언젠가는 스스로 조직을 떠났을 것이다. 밀려오는 변화의 흐름을 읽지 못하고 스스로를 바꾸려 하지 않는다면 함께할 수 없기 때문이다.

조직과 구성원들을 대상으로 변화코칭을 해온 사람으로서 내가 유니클로를 주목하게 된 이유가 있다. 그것은 그동안 가지고 있던 근원적인 질문에 대한 해답을 보았기 때문이다. 그 질문은 '어떻게 하면 구성원들이 성장하고 그 조직이 지속적으로 도약할 수 있는가'였다.

유니클로의 성장 과정을 보면 상식적으로는 이해되지 않는 일이 자주 벌어졌다. 당장의 수익과 외형적 성장만을 추구하는 조직이었다면 선택하지 않았을 길이었다.

초기에 매장을 늘려갈 때 가맹점 형태를 선택하면 한층 수월하게 그리고 좀 더 빠르게 전국적 인지도를 높이며 덩치를 키워갈 수 있었다. 그럼에도 그들은 굳이 직영점을 중심으로 규모를 키웠다. 직영점이었기에 매장 오픈 후 고객에게 충분한 만족감을 주지 못했다고 판단되면 돌아볼 것 없이 과감하게 폐점했다. 보통의 기업이라면 두려워했을 것을 유니클로는 실행한 것이다.

한 매장에서 발생한 불만족은 들불처럼 번져 모든 매장을 위험하게 할 수 있다. 작은 상처를 치료하지 않고 방치하면 더 큰 댓가를 치루게 된다는 말이다. 유니클로는 사람들의 시선이나 평가를 두려워하지 않았다. 실패를 숨기고 아무렇지 않은 척 하지도 않았다. 유니클로의 지속성장은 남을 의식하지 않고 뚝심있게 그리고 꾸준히 변신해온 결과물이다.

유니클로가 직영점을 고집한 중요한 이유가 또 있다. 각 매장의 책임자들을 직접 관리해 차세대 경영진으로 키우고자 하는 큰 목표가 있었기 때문이다. 실제로 초창기 점장들은 일선 매장의 밑바닥에서부터 경험을 쌓았다. 그리고 가능성이 없어 보이는 매장도 보란 듯이 살려냈다. 그랬던 점장들은 지금의 변화를 주도하는 주요 임원들로 성장했다. 그렇게 성장한 그들은 또 다시 새로운 리더를 발굴하고 키우는 데 온 열정을 쏟고 있다. 이는 프롤로그에서도 언급했던 야나이 사장이 가진 인간중심경영이 반영되었기 때문이다.

야나이 사장과 유니클로는 한 순간도 현실에 만족하고 안주하지 않았다. 늘 새로운 길을 열기 위해 뛰었다. 중요한 사실은, 야나이 사장이 그 길을 고집스럽게 홀로 가지 않았다는 점이다. 자신의 비전을 공유하고 함께할 인재들을 발굴하고 성장시켜 그 도전이 멈추지 않도록 했다.

야나이 사장은 어느 인터뷰에서 한국의 섬유 및 의류산업을 보며 느낀 점을 이렇게 말했다.

"직원이나 협력업체를 다소 험하게 대한다고 느꼈습니다. 과거에는 일본에도 그런 경영자들이 많았던 것이 사실입니다. 사실 그들 없이 혼자서 이익을 낼 수는 없지 않겠습니까? 파트너로 생각하고 존중하는 것이 필요하다고 생각합니다. 시대가 변했습니다. 그런 식으로는 사업을 지속하기 힘들다고 봅니다."

이는 한 분야에만 국한된 이야기가 아니다. 조직을 경영하는 경영자라면, 중간 위치에서 리더십을 발휘하는 사람이라면 반드시 기억해야 할 이야기다. 사람을 중요하게 생각했고 인재를 키웠기에 지금의 글로벌 유니클로가 존재할 수 있었다.

야나이 사장은 2016년 10월 결산 기자회견에서는 2020년까지 매출 5조 엔을 달성하겠다는 기존의 목표치를 3조 엔으로 수정했다. 많은 언론은 둔화된 성장세와 수정된 목표치를 근거로 미래가 불투명한 것처럼 대대적으로 보도했다. 심지어 '거짓말쟁이'라는 자극적인 표현까지 등장했다. 승승장구한 그간의 시간들을 돌아보면 그렇게 생각할 수도 있다고 본다. 하지만 유니클로의 도전은 여전히 현재진행형이다. 누구보다 앞서 변화를 받아들이고 극복했던 유니클로였다. 여전히 그들의 1승 9패 정신은 살아있다. 그렇기에 지금도 혁신을 계획하고 실천하며 미래를 현실로 만들고 있다.

우리에게는 유니클로라는 브랜드를 알고 그들이 어떻게 성장했는지 아는 게 중요한 것이 아니다. 거기에서 멈추면 안 된다. 그들의 사례를 통해 좋은 점을 배우고, 내 것으로 만들어 결국 뛰어넘겠다는 생각이 중요하다. 예찬론에 빠져 성공 사례에 감동하고 독후감을 쓰기 위한 것이 목적이 아니지 않은가. 진짜 중요한 것은 나와 우리 조직은 무엇을 배워야 하고 삶과 일, 조직에 구체적으로 어떻게 적용할 것인가를 고민해야만 한다.

급변하는 글로벌 환경에서 고군분투하며 오늘을 살아가는 수많은 조직과 구성원들을 위해 이 책을 썼다. 그들이 이 책을 통해 할 수 있다는 용기를 얻고 위기를 극복할 새로운 전략을 세울 힌트와 통찰을 보았을 것이라 기대한다.

참고문헌

가와시마 코타로, 《왜 유니클로만 팔리는가-세계를 제패하는 프로모션전략과 매장
　　운영》, 파루출판, 2008.

가와시마 코타로, 《유니클로-야나이 다다시 프로모션으로 완전판매 실행의 히트
　　상품 저력》, 파루출판, 2009.

곤도 미치오, 《어록-유니클로의 전략전술-승리하는 비즈니스모델 연구》, 고단샤,
　　2001.

구니토모 류이치, 《소비자심리는 유니클로에 물어라!》, PHP연구소, 2001.

매거진하우스편집부, 《IT'S YOUR LIFE》, 매거진하우스, 2005.

센켄신문사, 《유니클로 이단에서 출발》, 센켄신문사출판, 2000.

쓰키이즈미 히로시, 《유니클로vs시마무라-두 거대 전문점의 압승 방정식》, 일본경
　　제신문사, 2006.

야나이 다다시, 《1승9패》, 신쵸사, 2006.

야나이 다다시, 《성공은 그날 버리고 떠나라》, 신쵸사, 2009.

야나이 다다시, 《유니클로 사고술》, 신쵸사, 2009.

야나이 다다시·이토이 시게사토, 《개인적인 유니클로주의-야나이 사장 밀착 인터
　　뷰》, 아사히출판사, 2001.

야스모토 다카하루, 《유니클로 감사역의 실록-알려지지 않은 매출·수익증대의 내
　　막》, 다이아몬드사, 1999.

오우미 나나미, 《유니클로 급성장의 비밀-나 홀로 승자를 낳은 경영혁명·판매혁
　　명》, 앗프루출판사, 2000.

오우미 나나미, 《유니클로, 사고 싶게 하는 심리학》, 앗프루출판사, 2001.

오카모토 히로오, 《유니클로 방식-야나이 다다시류·상식을 깬 전략노트》, 파루출
　　판, 2000.

오카모토 히로오, 《유니클로 야나이 다다시-뜨거운 심장을 가진 냉철한 경영의 실
　　상》, 파루출판, 2001.

하라다 다카시, 《성공 교과서 열혈 하라다 프로그램의 모든 것》, 소학관, 2005.

《유니클로의 디자인》, 성문당신광사, 2008.

〈닛케이비즈니스〉

〈재계〉, 2008. 11.

〈주간다이아몬드〉, 2009. 7.

〈주간동양경제〉, 2008. 10.

〈주간현대〉, 2009. 3.

⟨AERA⟩

⟨ASCII⟩

⟨ESSOR⟩

⟨IT Governance 2008⟩

⟨RECRUIT⟩

⟨SPIRITS⟩

⟨닛케이 IT PLUS⟩

⟨닛케이BP IT프로⟩

⟨닛케이BP⟩

⟨닛케이Kenplatz⟩

⟨닛케이WOMAN⟩

⟨닛케이비즈니스⟩

⟨닛케이컴퓨터⟩

⟨생각하는 사람⟩

⟨오피스마켓⟩

김성호

솔로몬연구소 대표, 최고의 변화코칭 전문가

빠르게 바뀌고 끊임없이 경쟁하는 비즈니스 정글에서 지속 가능한 조직, 평생현역을 꿈꾸며 혁신과 자기계발을 추구하는 구성원으로 생존할 수 있도록 영감을 주고 도전해왔다. 출간할 때마다 베스트셀러에 오른 《일본전산 이야기》, 《답을 내는 조직》, 《보이게 일하라》 등의 저서를 통해 독자들에게 변화와 성장의 메시지를 선물했다.

일본대학교에서 산업경영을 전공했으며, 한국외국어대학교 대학원을 다녔다. 유학 시절부터 경영철학과 성공한 기업의 사례, 심리학적 접근을 통한 동기부여를 연구했다. 인간 개선 기법과 성공 철학에 관한 세계 각국의 자료와 정보를 고대부터 현대에 이르기까지 폭넓게 연구하고 있다. 기업과 개인의 코칭뿐만 아니라 통·번역 등 비즈니스와 관련한 다양한 경험을 토대로 각 조직에 밀착해 다양한 테마의 프로그램을 운영하고 있다.

국내 유수의 대기업과 공기업, 금융·제조·서비스업 등 다양한 분야에서 강의를 진행하고 있다. 기업이나 단체의 계층별 특강과 대학의 최고경영자과정, 각종 CEO 포럼 등의 맞춤형 특강도 진행하고 있다.

왜 일하는지, 어디로 가는지, 어떻게 하는지, 누가 무슨 성과를 냈는지
보이게 일하라! 사람이 크고 결과가 달라진다!

이제는 보이게 일하는 조직만 살아남는다!

보이게 일하라 김성호 지음 | 15,000원

최고의 기업에게 '혁신'은 말로만 외치는 공허한 구호가 아니라 일상적 행동이자 사고 습관이다. 모래알처럼 흩어진 조직, 막히고 불통의 조직을 살릴 해법으로 페이스북, 구글, 도요타, 애플 등이 실천하고 있는 가장 간단하지만 강력한 해법인 '오픈 이노베이션'의 모든 것을 소개한다. 왜 일하는지, 어디로 가는지, 무엇을 하는지, 어떻게 하는지, 공유와 협업, 무슨 성과를 내는지 보이게 일하는 방법을 구체적으로 알려준다. 혁신 사례 속에서 조직과 개인이 시도해볼 수 있는 실천적인 지침을 담았다. 리더나 관리자에게는 정체와 불통에 빠진 조직을 구해낼 획기적인 방법을, 개인에게는 미래 생존과 핵심인재로의 성장을 위한 중요한 힌트를 줄 것이다.

유니크, 유니클로

2017년 9월 11일 초판 발행 | 2018년 8월 28일 4쇄 발행

지은이 · 김성호

펴낸이 · 김상현, 최세현
책임편집 · 최세현, 김선도 | 디자인 · 임동렬
마케팅 · 김명래, 권금숙, 심규완, 양봉호, 임지윤, 최의범, 조히라
경영지원 · 김현우, 강신우 | 해외기획 · 우정민
펴낸곳 · (주)쌤앤파커스 | 출판신고 · 2006년 9월 25일 제406-2006-000210호
주소 · 경기도 파주시 회동길 174 파주출판도시
전화 · 031-960-4800 | 팩스 · 031-960-4806 | 이메일 · info@smpk.kr

ⓒ 김성호(저작권자와 맺은 특약에 따라 검인을 생략합니다)
ISBN 978-89-6570-500-0 (03320)

쌤앤파커스(Sam&Parkers)는 독자 여러분의 책에 관한 아이디어와 원고 투고를 설레는 마음으로 기다리고 있습니
다. 책으로 엮기를 원하는 아이디어가 있으신 분은 이메일 book@smpk.kr로 간단한 개요와 취지, 연락처 등을 보내
주세요. 머뭇거리지 말고 문을 두드리세요. 길이 열립니다.